ELOGIOS PARA
¡ REINVÉNTATE !

"A medida que la escalera corporativa se transforma en un enrejado corporativo donde no hay un solo ascenso hacia el éxito profesional, sino una variedad de formas de crecer, tu marca personal pasa a ser tu tarjeta de presentación. ¡Reinvéntate! presenta formas efectivas de ayudarte a desarrollar tu propuesta de marca".

—Cathy Benko, vicepresidenta, Deloitte LLP;
autora del exitoso libro, *The Corporate Lattice: Achieving
High Performance in the Changing World of Work*

"Los días de las carreras profesionales de toda una vida que terminaban con una pensión y un reloj de oro ya son cosa del pasado". Con el estilo claro, práctico y paso a paso para la reinvención que ofrece Dorie Clark, el lector llega a ver este hecho no como algo desalentador, sino algo con abundantes oportunidades y posibilidades. Enriquecido con ejemplos contundentes de mundos tales como los negocios, la política y las entidades sin fines de lucro, esta indispensable guía te ayudará a tomar el control y dar forma a su vida profesional".

—Meg Cadoux Hirshberg,
autora de *For Better or For Work:
A Survival Guide for Entrepreneurs and Their Families*

"Creo que la necesidad sigue siendo la madre de la invención, pero el mundo de hoy, que no da tregua en sus constantes cambios, necesita reinvención, a veces reinvención secuencial. No puedo pensar en una mejor guía en medio de ese dantesco proceso que el informativo y fácil de leer libro de Dorie Clark".

—Robert Cialdini, autor de *Influence:*
The Psychology of Persuasion

¡Reinvéntate! es una lectura obligada para cualquiera que desee expandir sus fronteras profesionales y ser más auténtico, en el trabajo y en la vida".

—Chip Conley, autor de *Emotional Equations*:
Simple Truths for Creating Happiness + Success
Fundador de Joie de Vivre Hospitality, Inc.

¡REINVÉNTATE!

¡REINVÉNTATE!

Define tu marca personal
imagina tu futuro
y empieza

DORIE CLARK

TALLER DEL ÉXITO

¡Reinvéntate!

Publicado por:
Taller del Éxito, Inc.
1669 N.W. 144 Terrace, Suite 210
Sunrise, Florida 33323
Estados Unidos
www.tallerdelexito.com

Editorial dedicada a la difusión de libros y audiolibros de desarrollo y crecimiento personal, liderazgo y motivación.

Corrección de estilo: Diana Catalina Hernández
Diseño de carátula y diagramación: Joanna Blandon
Director de arte: Diego Cruz

ISBN: 978-1607385073

Printed in Colombia
Impreso en Colombia
Impreso por :Editora Géminis S.A.S.

20 21 22 23 24 R|CK 07 06 05 04 03

Dedicado con amor a mi madre,
Gail Clark

CONTENIDO

CAPÍTULO 1

El nuevo paisaje de la estrategia de marca

¿Estás donde quieres estar a nivel profesional? Ya sea que desees ascender más rápido en tu compañía, cambiar de empleo o incluso de profesión, una cosa es clara: nadie quiere pasar toda su vida haciendo un trabajo que detesta. Para tener éxito en el competitivo mercado laboral de hoy y desarrollar una carrera que aproveche tu exclusiva combinación de pasiones y talentos, es muy cierto que, en cierto punto, tendrás que reinventarte profesionalmente y asegurarte de que otros reconozcan el poderoso aporte que puedes hacer.

A fin de cuentas, es claro que la era de los relojes de oro y empleos de toda una vida ya es cosa del pasado. ¿Cuántas personas conoces que llevan toda su vida en una compañía? Para bien o para mal, en el mundo de hoy, las personas saltan de un lado a otro en términos profesionales, obligadas por recortes de personal o en busca de un mejor cargo o remuneración. Incluso quienes han deseado desarrollar su carrera profesional en una compañía tienen opciones limitadas. El profesor de la Escuela de Negocios de Harvard, Thomas

DeLong, atribuye esto a que, en las últimas décadas, ha habido una precipitada disminución en la figura de mentores profesionales. A medida que los ejecutivos de más experiencia se vieron obligados a asumir mayores responsabilidades, dejaron de disponer de tiempo para cultivar los nuevos talentos. El resultado, dice DeLong, han sido ejecutivos que "comienzan a tener sospechas de la organización y se ven a sí mismos como agentes libres en lugar de decir: 'me puedo quedar en esta firma durante los próximos treinta años". El estándar ahora es una rápida rotación de personal.

Pero, aunque se queden con la misma compañía o en la misma industria, los profesionales deben reinventarse para mantener el rápido ritmo de los cambios corporativos. Steve Rice, vicepresidente ejecutivo de recursos humanos de la poderosa Juniper Networks en Silicon Valley, pregunta a los candidatos a empleos: "¿cómo te estás adaptando y abordando para tu próxima curva de reinvención?" "¿Cómo estás manteniéndote relevante y competitivo?" "Las personas deben reinventarse para encajar en el nuevo contexto laboral".

En medio de este nuevo panorama de cambios frecuentes de empleo y de carrera, es cada vez mayor el número de personas que trabajan por más tiempo a lo largo de la vida. A veces, esto es por preferencia y, en otras ocasiones, es por necesidad. (Entre los años de recesión de 2007 y 2010, la cantidad de estadounidenses trabajadores mayores de cincuenta años aumentó casi un 8% y fue el único grupo cuyas tasas de participación en la fuerza laboral aumentaron).[1] Como el director de políticas de AARP le dijo al *National Journal*: "los recursos con los que contaban para su jubilación sencillamente no están".[2] Eso significa muchas más oportunidades o requisitos para reinventarte a lo largo de tu carrera profesional.

Las prolongadas carreras de la generación de los baby boomers también ha impactado a sus hijos, millennials a quienes se les dificulta abrirse camino en el mundo laboral y que chocan con un muro de candidatos más experimentados ansiosos por obtener los mismos cargos. En el año 2011, el porcentaje de jóvenes empleados alcanzó el punto más bajo en sesenta años.[3] Si tus primeros empleos no reflejan el camino que deseas para el futuro, es esencial ser estratégico respecto a cómo te estás posicionando y cuál es tu experiencia con el fin de maniobrar hacia donde sea que quieras ir.

Como lo indicó Henry Wadsworth Longfellow: "nos juzgamos a nosotros mismos por lo que nos sentimos capaces de hacer, mientras que otros nos juzgan por lo que ya hemos hecho". Así que, cuando tienes un perfil financiero y avanzas hacia la industria de mercadeo, o buscas ser un capitalista de riesgo con el deseo de ser un entrenador ejecutivo o un hombre de negocios procurando obtener una promoción profesional al siguiente nivel, tu senda puede tener mucho sentido, pero eso no significa que sea clara para todos los demás.

Reinventarse y superar las percepciones del pasado puede ser un proceso desalentador. Desde luego, nadie necesita cambiar su propia marca a nivel profesional. Si tienes una carrera profesional de bastante tiempo en tu compañía y estás feliz con tu trayectoria, quizás no necesites preocuparte por ello. Sin embargo, para muchos de nosotros, ese lujo no existe.

Este libro tiene la intención de ayudar a ejecutivos en cualquier etapa de sus carreras profesionales que desean algo diferente y mejor en sus vidas profesionales. Ten claro que debe haber más de una forma estratégica de hacerlo. Quizás se te dificulte encontrar un punto de apoyo en un clima económico inhóspito, como Johnna, una joven profesional que describiré más adelante, y que se vio obligada a soportar su tiempo con trabajos en tiendas minoristas en lugar de saltar a la vía rápida de su carrera profesional. Quizás estás enfrentando una crisis en tu industria que te está obligando a considerar nuevas opciones, como Tom, quien fue despedido en un proceso de recorte de personal después de más de dos décadas como reportero en un periódico. Quizás, al igual que Dan, tengas que luchar contra malas percepciones que otros tengan de ti a fin de tener éxito en tu compañía. Es probable que estés buscando desarrollar nuevas habilidades y explorar nuevos intereses, como Karen, una abogada corporativa que entendió que necesitaba desesperadamente un cambio. Este libro es una invitación a que te preguntes qué deseas lograr en la vida.

¿Cuándo deberías reinventarte profesionalmente?

- Estás en una nueva fase en la vida y quieres que te conozcan por algo diferente.

- Te han despedido y debes asegurarte de estar en la mejor posición posible para obtener un nuevo empleo rápidamente.

- Quieres ascender en tu compañía y necesitas tomar el control de tu reputación.

- Has estado tratando de obtener una promoción profesional, pero sientes que no te están teniendo en cuenta debido a malas percepciones respecto a tus capacidades.

- Te gustaría ingresar a un área diferente de tu compañía, quizás pasando el área legal a la de recursos humanos o de ventas a finanzas.

- Estás comenzando en tu carrera profesional y todavía no has desarrollado un currículum poderoso, así que necesitas encontrar otra forma de sobresalir.

- Estás cambiando de profesión y necesitas dar a entender que tu inusual experiencia es en realidad una ventaja y no una deficiencia.

Los peligros de reinventar tu marca personal

"Hola Dorie", decía el mensaje que llegó a mi buzón proveniente de un ejecutivo que esperaba entrevistar para este libro. "Me encantaría hablar contigo, pero preferiría mantener mi anonimato. ¡Temo que mi marca personal se vea afectada porque me vean hablando sobre mi marca personal!". Su mensaje fue un poco en broma (sí pude entrevistarlo), pero ponía en relieve una verdad muy importante. Una y otra vez, al hablar sobre el libro en salones de escuelas de negocios y juntas directivas de corporaciones en todo el país, he escuchado a profesionales reconocer la necesidad que tienen de reinventarse, pero aun así, tener reparos para hacerlo. ¿No se vería muy calculador si pienso mucho en mi reputación? ¿No debería concentrarme solo en hacer un buen trabajo?

Sin duda, lo que el ejecutivo anónimo que me envió aquel mensaje estaba percibiendo era una idea más bien sórdida en lo que tiene que ver con manejar tu reputación. Todos podemos pensar en ejemplos. Conozco a una ejecutiva que es legendaria por su habilidad de informar, tras pocos minutos de conocer a alguien, que estudió en dos escuelas de la Liga Ivy, que conduce un BMW y que tiene un salario de seis cifras al año en una firma prominente. A veces, si han pasado varios meses y ella ha olvidado que ya te conoció, volverás a escuchar lo mismo. No le agrada a nadie.

De ninguna manera estoy sugiriendo que deberías comenzar a relatarle a cualquier transeúnte tus logros o alardear de tus credenciales. Este libro no habla de aparentar o presentarte como algo que no eres. No se trata de abrirte paso en la consciencia de los demás, como con una sirena, y decirles la gran persona que eres. En lugar de eso, se trata de tomar el control de tu vida y vivirla con estrategia. ¿Quién quieres ser? ¿Y qué debes hacer para alcanzarlo? Este es un libro sobre definir tus metas, trabajar con esfuerzo y ética para alcanzarlas, y luego asegurarte de que los demás lo noten.

Vengo del mundo de relaciones en los medios y el mercadeo, así que debo admitirlo, estoy sesgada. Pero también he visto de primera mano que siempre hay abundancia de personas talentosas y bien preparadas. Si no eres estratégico para dar a conocer el mensaje de manera intencional que añada valor, serán otros los que se ganen los elogios y no tú.

Es por eso, que, lamentablemente, ya no es posible tomar asiento y contar con que te van a ver solo por tu esfuerzo en el trabajo. Hace años, el exitoso inversionista de Wall Street (y exsecretario del Tesoro de los Estados Unidos) William Simon, afirmó: "nunca me ha interesado mercadearme a mí mismo o perpetuar una imagen pública. Sin duda, siempre ha sido difícil cerciorarme de cuál es mi imagen, y casi imposible mejorar o disminuir cómo me ven los demás, a menos que sea mediante contacto personal directo. Yo solo trabajo duro y trato de tener éxito en lo que hago".[4] Simon captura muy bien la esencia de la clase alta, que considera vulgar interesarse en algo tan superficial como una mera imagen. Y, sin duda, él tiene razón en que lo que importa son tus acciones y tu carácter más que las apariencias.

Sin embargo, su respuesta, que podría ser apropiada para un hijo de la Gran Depresión que haya muerto en el año 2000, justo en el surgimiento de la era del internet, ya no tiene sentido para un profesional que aspira a la excelencia. Por ejemplo, la idea de que puedes mantener un bajo perfil y trabajar sin ningún reparo según las políticas de la oficina se ha desacreditado por completo (solo mira la gran cantidad de libros, talleres y seminarios sobre creación de redes). Incluso el calientasillas de la oficina sabe que debe llegar a la fiesta de fin de año de la empresa o pondrá en riesgo las conexiones que necesita desarrollar. Entonces, ¿por qué puede ser algo diferente tomar el control de tu marca personal?

Es verdad, puedes intentar ser visto, y quizás todas esas horas de esclavitud en el trabajo terminen dando resultado. ¿Pero, por qué correr el riesgo? ¿Por qué no tomar el tiempo para pensar en cómo te gustaría que los demás te vieran y trabajar de forma estratégica para lograrlo en lugar de esperar que la vida pase alrededor de ti?

Mi propia reinvención

El tema de la reinvención me fascinó porque la he practicado en mí misma. En la actualidad, soy consultora de estrategia y mercadeo para clientes tales como Google, la Universidad de Yale y el Servicio de Parques Nacionales. Mi primer roce con la reinvención profesional vino poco después de mis estudios de posgrado, trabajando como reportera política en un periódico semanal. Era un lunes por la tarde, y alguien me dijo que debería pasar por la oficina de recursos humanos antes de ir a casa esa noche. Supuse que se iban a hacer ajustes en las políticas de seguridad médica o que debía completar algunos formularios. En lugar de eso, después de menos de un año en ese trabajo, fui despedida. Mientras mis compañeros de trabajo salían para volver al día siguiente, yo tuve que empacar mis cosas y cerrar mis cuentas en línea. No tuve oportunidad de despedirme.

Al día siguiente, mientras veía CNN y tomaba el desayuno, vi los ataques con aviones sobre el World Trade Center. Perdí mi trabajo como reportera el 10 de septiembre de 2001 y, mientras el orden geopolítico se salía de control y la economía colapsaba, tenía que encontrar la manera de ganarme la vida y saber qué paso dar.

Con el tiempo, a pesar del temor y la parálisis en el comercio, desarrollé un flujo de negocios como periodista independiente. El dinero no era mucho, y seguía con la esperanza de que el diario de mi cuidad me contratara. Con todo, el diario no estaba contratando, sino que seguía la misma contracción impulsada por el internet, al igual que todos los demás en la industria. Por meses, avancé con mucho esfuerzo, imaginando un futuro en el periodismo. Así que, cuando recibí la oferta de "cambiar de bando" y ser la secretaria de prensa de Robert Reich, el exsecretario de Trabajo de los Estados Unidos que en aquel entonces era el candidato a gobernador, dije que no. Una hora después, volví a llamar. Creo que fue justo ahí donde comenzó mi proceso de reinvención.

Si el mundo no hubiese intervenido, quizás seguiría siendo reportera. Me encanta escribir, conocer a otras personas y respirar el oxígeno de ideas interesantes. Pero el mundo ahora se mueve más rápido que nunca, las industrias cambian, las compañías colapsan y a veces nuestros planes sencillamente no funcionan. También me habría encantado dirigir la oficina de prensa de la Casa Blanca, pero ese sueño murió cuando el candidato a la presidencia para quien trabajé, tiempo después, perdió en las primarias. Para sobrevivir y prosperar, debes reinventarte y avanzar.

A veces, desde luego, tu reinvención es una elección: una adopción creativa de un nuevo norte. Por un par de años, dirigí un grupo de defensa sin fines de lucro y pude haberlo hecho por mucho más tiempo. Pero, en lugar de hacerlo, decidí ser emprendedora y lanzar mi propia empresa de consultoría, un movimiento que me ha permitido viajar por todo el mundo, prestar servicios de consultoría a empresas líderes, y tener una vida excelente y plena.

Al ver, en retrospectiva, me es fácil identificar las conexiones y puntos en común: cómo mi experiencia en periodismo me permitió ser una mejor portavoz cuando comencé a trabajar para candidatos o cómo el dirigir una entidad sin fines de lucro me dio amplias habilidades en los negocios, desde conocimientos informáticos hasta finanzas, algo que necesitaba para ser consultora. Sé que esas transiciones pueden parecer aleatorias para otros (sin mencionar mi tiempo como cineasta documentalista o como estudiante de teología en Harvard). Por años, después de iniciar mi empresa de consultoría, las personas seguían preguntándome en qué campañas estaba trabajando o cómo iba mi trabajo en la entidad sin fines de lucro. ¿No habían recibido mi boletín donde anunciaba mi nuevo emprendimiento? ¿Tampoco habían visitado mi sitio en internet? *¿O simplemente no estaban prestando atención?*

Y, desde luego, como en la mayoría de personas, así era. La verdad es que la inmensa mayoría de personas no están muy concentradas en ti (o en mí). Eso quiere decir que es muy probable que sus percepciones estén desactualizadas unos años y no es su culpa. Con cientos o incluso miles de amigos en Facebook y conexiones sociales poco profundas, no podemos esperar que todos recuerden los detalles de nuestras vidas. Por tal razón, es esencial hacernos cargo de nuestra propia reinvención y asegurarnos de que nuestras propias marcas personales reflejen ante el mundo exterior la realidad de nuestras vidas.

Como consultora especializada en mercadeo y generación de marca, en una ocasión hice un lanzamiento de mi empresa. En esencia, lo hice para mí, con rapidez, a fin de practicar lo que predicaba. Tuve que asegurarme de que mis contactos entendían muy bien cuáles eran mis habilidades y los servicios que ofrecía, y demostrar suficiente experiencia para que, cuando llegara el momento indicado, yo fuera la consultora que ellos buscaran. Así que agudicé mi narrativa (¿qué es lo que propongo?), organicé mi contenido (para que a los clientes les pudieran gustar mis ideas y metodología) y comencé a usar todos los medios posibles (desde charlas hasta escritos o reclutar "validadores") con el fin de divulgar el mensaje.

Ese es el mismo proceso que enfrenta un profesional cuando se reinventa a sí mismo. A medida que he desarrollado mi empresa de consultoría, creando estrategias de mercadeo para corporaciones, a menudo se acercan a mí ejecutivos que han conocido cuál es mi trayectoria. ¿Podría ayudarlos con su reinvención? ¿Por dónde deberían comenzar? ¿Qué sucedería si no están seguros de cuál es su destino? Y, ¿cómo pueden comenzar a dar el vuelco a las arraigadas percepciones que otros tienen de ellos? Con el paso de los años, he tenido el placer de asesorar a muchos ejecutivos en busca de nuevos horizontes. Este libro es el producto de esas conversaciones. Espero que resulte útil mientras consideras tu próxima iteración profesional.

El arte de reinventarte

A lo largo de los próximos diez capítulos, mirando estudios de casos, ejercicios y las mejores prácticas basadas en investigaciones, te guiaré a lo largo del proceso.

En el capítulo 2, así como todo proyecto de negocios u operación militar debe comenzar con la cruda realidad, debes descubrir cómo te perciben en la actualidad. ¿Qué piensan los demás de ti? ¿Qué respetan? ¿Qué te está deteniendo? Te guiaré por estrategias y ejercicios para ayudarte a obtener perspectivas de tus amigos y compañeros de trabajo para que puedas tener inteligencia práctica sin parecer curioso, atrevido o detectivesco.

Después de eso, en el capítulo 3, pasaré a investigar tu destino. Quizás sepas que quieres un cambio en tu vida profesional, pero no estás seguro de cómo sería. Presentaré estrategias para investigar tus potenciales pasiones en las primeras etapas, desde investigación tras bambalinas hasta entrevistas informales, y la forma correcta de reclutar la ayuda de otros mientras te concentras en un nuevo futuro.

En el capítulo 4, hablaré sobre cómo probar tu camino para determinar si es la talla ideal. Leerás sobre profesionales que han sido estratégicos al trabajar como voluntarios, observar otros trabajos, servir como miembros de juntas directivas y más, con el fin de trazar su próximo movimiento. También aprenderás consejos para identificar las mejores oportunidades y formas de maximizar tu experiencia.

El capítulo 5 cubre cómo desarrollar y refinar las habilidades que vas a necesitar para reinventarte. ¿Cómo puedes aprovechar tu trabajo actual para prepararte para el que deseas tener? ¿Deberías volver a la escuela de posgrados o es un desperdicio de dinero? Miraremos cómo cerciorarte de las formas más eficientes en costos para obtener los conocimientos que necesitas.

El capítulo 6 se concentra en esa elusiva criatura, el mentor: algo que todos quieren, pero que pocos están dispuestos a encontrar. Hablaré sobre cómo identificar buenos candidatos, encontrar gemas únicas, persuadirlos de que te ayuden y obtener el máximo de tu relación con ellos.

En el capítulo 7, cubro cómo aprovechar tus puntos de diferencia. Con mucha frecuencia, los desconocidos descartarán tu experiencia previa como si fuera irrelevante. Les mostraremos cómo tus conocimientos y habilidades en diversos entornos ponen algo nuevo sobre la mesa y te hacen mucho más efectivo que cualquier otra persona presente. Miraré ejemplos de cómo las personas pueden diferenciar sus marcas y llegar a ser bien conocidas por ser las mejores versiones de sí mismas.

En el capítulo 8, me concentro en crear tu narrativa. Las personas quieren entender quién eres, así que debemos crear una historia explicativa que tenga sentido y muestre continuidad desde tu pasado hasta el presente. Más importante aún, debemos explicar por qué tu transición añade valor a los demás y es una extensión auténtica de tu verdadera naturaleza.

Ahora es el momento de la gran revelación. En el capítulo 9, hablaré sobre la forma práctica de presentar el nuevo tú. ¿Cuál es el momento adecuado para presentar tu nueva marca? ¿Hay oportunidades estratégicas que puedes aprovechar? ¿Cómo puedes ganar el favor de amigos y colegas del pasado que te conocen en un contexto diferente y que pueden cuestionar tu nueva identidad profesional? También hablaré sobre cómo puedes usar estrategias poco conocidas, como el hacer equipo con validadores e identificar los puntos clave en tu compañía o industria, donde es muy probable que puedas obtener la mejor tracción profesional.

En el capítulo 10, te guiaré por formas concretas con las que puedes demostrar tus conocimientos, impresionar a los jugadores principales y demostrar tu valía. Todo estudiante de arte tiene un portafolio listo para mostrar en cualquier momento. No es diferente en el mundo de los negocios; nadie creerá que hablas en serio a menos que comiences a crear contenido que demuestre tus conocimientos. Eso permite que clientes o empleadores potenciales pongan a prueba tu metodología antes de hacer un compromiso importante. (Si eres diseñador gráfico, pedirle a tus contactos que miren una galería de imágenes de logos corporativos que has creado, puede inspirarlos a asignarte esa nueva cuenta grande). Recorreré estrategias tales como cómo aprovechar tu marca en línea, afiliarte con organizaciones de marca en tu campo, ser publicado en periódicos importantes, desarrollar credibilidad asumiendo posiciones de liderazgo y más.

Al llegar al capítulo 11, habrás desarrollado una marca nueva y robusta, y necesitarás estar muy atento a cómo es percibida en el mercado. Identificaré canales para supervisar con frecuencia y hablaré sobre cómo organizar tus propios mecanismos constantes de retroalimentación para seguir siendo honesto. Hablaré sobre cómo fusionar con éxito tu marca antigua y la nueva, la importancia de ser consistente y cómo mantener el compromiso a medida que progresas. (Un deseo de expansión a un trabajo internacional no logrará mucho si no haces el esfuerzo de aprender nuevos idiomas o la esencia de otras culturas. Y un regalo de caridad que se da una vez es agradable, pero se olvida en poco tiempo). La clave es el esfuerzo a largo plazo, y te mostraré ejemplos destacados de profesionales que han tenido éxito y por qué.

Por último, en el epílogo, lo uniré todo y resumiré tu ruta hacia la reinvención. Como un profesional esforzado, debes entender y dar forma a la percepción que los demás tienen de ti. Al seguir los pasos que describimos en los siguientes capítulos, estarás rumbo a cultivar una marca poderosa que refleje lo que eres y lo que quieres ser.

CAPÍTULO 2

Reconoce dónde
estás comenzando

El primer paso en reinventarte a nivel profesional es tener un punto de apoyo en donde estás comenzando. Todos tenemos una marca personal, así algunos escépticos se rehúsen a admitirlo: no existe opción de salida. El concepto de marca personal ganó aceptación a finales de los años 90, después de una famosa historia de primera página de Tom Peters en *Fast Company* ("La marca llamada usted"). Pero, en realidad, de lo que estamos hablando es de algo que siempre ha existido: tu reputación. ¿Qué piensan los demás de ti? ¿Qué dicen cuando sales de la habitación? Entender eso e identificar cualquier vacío entre tu realidad actual y dónde quieres estar en el futuro es esencial para dar inicio a tu proceso de reinvención. (Así no estés seguro de dónde quieres terminar, si comienzas con un "inventario de marca personal" es útil, porque puede arrojar luz sobre tus fortalezas únicas y las áreas en las que tus colegas creen que podrías aportar). Quizás creas que ya sabes cómo te ven los demás, (como un hábil comunicador, alguien muy agudo con los números o una gerente que siempre saca lo mejor de su equipo). Pero, de nuevo, quizás te sorprendas. Un entrenador ejecutivo me habló de un cliente que se sorprendió cuando supo que sus compañeros de trabajo lo consideraban arrogante. A pesar de ser alguien modesto y autocrítico, su hábito de interrumpir a los demás los convencía de que él se sentía superior, casi todo lo opuesto la verdad. Este comportamiento, que había sido un obstáculo para su carrera, resultó fácil de corregir cuando él lo reconoció.

El mensaje que les das a los demás se puede distanciar mucho de tus intenciones. Así que sigue el consejo de la inversionista ángel, Judy Robinett: "Si tres personas te dicen que eres un caballo, compra una silla de montar". En otras palabras, escucha lo que te dicen los que están allá afuera, porque es probable que tengan razón. Entonces, ¿cómo puedes obtener retroalimentación? Hay cuatro maneras principales con las que puedes obtener una lectura respecto a la percepción que los demás tienen de tu marca personal. En este capítulo, te enseñaré a ser tu propio ejecutivo de relaciones humanas (o detective privado) para aprender a:

- Realizar tus propias "entrevistas 360"

- Realizar tus sesiones de grupo de enfoque con amigos y compañeros de trabajo

- Examinar tu presencia en línea

- Buscar patrones en evaluaciones de desempeño del pasado o en cartas de recomendación

Por último, integraremos los datos para tener una imagen completa de tu marca.

Para comenzar

Al final de este libro, en el Anexo A, encontrarás la hoja de trabajo titulada "Tu autoevaluación de reinvención profesional" y puede ser útil completarla a medida que te vas reinventando.

Tu entrevista 360 personal

El primer paso cuando estás trabajando con casi cualquier entrenador corporativo es hacer una "360" (como si fuera en todas las direcciones). En esencia, eso quiere decir que el entrenador va a entrevistar a todos los que hacen parte de tu esfera, tu jefe, colegas, subordinados, clientes, proveedores, y tratará de obtener opiniones honestas respecto a ti y tu desempeño. (Es necesario hablar con todos para identificar a los zalameros que son perfectos en sus relaciones con sus jefes y tiranos con todos sus subordinados). Es mucho más fácil que las personas hablen abiertamente con terceros que les prometen anonimato (los entrenadores por lo general introducen la información y no rebelan quién lo dijo). Si trabajas para una compañía que cuenta con un presupuesto razonable para capacitación o entrenamiento, pregunta si estarían dispuestos a contratar a un entrenador ejecutivo para que trabaje contigo. Como muchos empleados se intimidan con los entrenadores, viéndolos como "educación correctiva para ejecutivos", es probable que a tu jefe le impresione tu iniciativa en busca de mejoramiento propio.

Incluso, si tu compañía no paga un entrenador, puede hacer sugerencias respecto a entrenadores que puedes buscar personalmente. Pueden ser costosos, con precios en miles o por encima de los diez mil dólares, pero si estás en una posición para hacerlo, la información que obtengan (y sus recomendaciones según dicha información) puede ser invaluable. También puedes pedir sugerencias a tus compañeros de trabajo.

Pero, ¿qué tal si sencillamente no puedes trabajar con un entrenador externo? No te preocupes: hay medidas que puedes tomar para recaudar tú mismo la información "360". Para comenzar, crea una lista de preguntas que consideres útiles para mejorar el conocimiento de ti mismo. El entrenador ejecutivo Michael Melcher sugiere "preguntas en pares", tales como: "¿cuál es mi punto fuerte? ¿Cuál no es mi punto fuerte? ¿Qué carrera profesional puedes ver en mí? ¿Qué carrera profesional definitivamente no ves en mí?". Ese formato, dice Melcher, "da permiso a los demás para que te muestren el cuadro completo, ellos no quieren concentrarse solo en lo negativo". Las mejores preguntas serán las más relevantes para ti. Para comenzar, unos ejemplos adicionales pueden ser:

- Si tuvieras tres palabras para describirme, ¿cuáles serían?

- Si no supieras en qué trabajo, ¿cuál pensarías que es mi profesión?

- Estoy tratando de ir de X a Y, ¿qué pasos me sugerirías dar?

- ¿Quiénes son algunas de las personas que tienen las cualidades que debería estar tratando de desarrollar?

- ¿Cuáles son mis puntos ciegos?

Aprovecha tu red

Luego, identifica a las personas a quienes vas a buscar. Mientras un entrenador contratado para entrevistar a las personas que te rodean tiene autorización para hablar con las personas en tu organización, debes ser más cuidadoso si vas a hacer tu propia evaluación (además, no quieres revelar tus cartas si estás considerando cambiar de empleador). Concéntrate en amigos, compañeros de trabajo y familiares que te conozcan bien y en quienes puedes confiar que te darán opiniones honestas (no aplican los "enemigos"). Phyllis Stein, el exdirector de Servicios de Carreras Radcliffe College en la Universidad de Harvard, sugiere identificar hasta veinte personas que ejemplifiquen los intereses, habilidades y valores que admiras, preferiblemente un surtido de hombres y mujeres que, a nivel geográfico, sea diverso y de diferentes campos, con el fin de obtener la perspectiva más amplia.

Es hora de acercarte. Melcher sugiere dejar bien claro que quieres tomar tiempo para una entrevista, no solo una conversación informal entre amigos. "Si le dices a tus amigos que los vas a entrevistar, ellos lo tomarán más en serio y te darán respuestas diferentes", dice. "Debes indicar por qué estás teniendo esta conversación: 'Pasaré los siguientes veinte minutos preguntándote sobre mi marca porque de verdad quisiera ver cómo soy percibido'".

Las entrevistas personales suelen arrojar mejores respuestas porque puedes hacer seguimiento en tiempo real si algo no es claro o si quisieras sondear más a fondo una respuesta, pero no siempre funcionan. A veces, la ubicación interviene, tú estás en Miami y el entrevistado está en Mumbai. A veces, tu entrevistado está muy ocupado, y lo mejor que puedes obtener es un correo electrónico escrito desde el teléfono entre escalas. Y a veces, seamos honestos, no puedes soportar las respuestas. Es fácil contener tus emociones si estás leyendo un correo electrónico, puedes cerrar la pantalla y salir a dar una caminata larga para calmarte si te encuentras con algo que no esperabas. Pero en tiempo real, puede ser más difícil ocultar tus emociones. A veces, la verdad puede ser dolorosa, y si tu cara de disimulo no es suficiente, quizás prefieras continuar con la comunicación electrónica.

El secreto, ya sea que te reúnas en persona o que envíes una solicitud por correo electrónico, es hacer énfasis en la necesidad de honestidad (de otra forma, ¿cuál es el punto?). La entrenadora con base en New York, Alisa Cohn, dice que casi los debes obligar, porque el deseo que tus amigos tienen de protegerte suele ser muy fuerte: "Di: 'estoy tratando de desarrollarme a mí mismo, y sé que me amas, y apreciaría tus opiniones directas respecto a mis deficiencias'. Y la respuesta será: 'no tienes ninguna' y tú dirás, 'no, hablo en serio'. Debes hacer que lo tomen en serio. Debes persuadirlos para que lo hagan".

Un truco, dice ella, es darles pistas, de modo que no sean ellos los que mencionan algo negativo. "Puedes decir: 'en otras ocasiones me han dicho que soy un pensador táctico, no estratégico. Me pregunto si has visto eso y cuál es tu opinión'. Cuando primero te pones en ridículo tú mismo, ellos pueden sumarse".

Cómo organizar una reunión de sesión de grupo objetivo

Además (o en lugar de) las conversaciones cara a cara, otra posibilidad es organizar una reunión de sesión de grupo. Esto solo funciona si tu red está cercana en términos geográficos, pero el beneficio es que puedes aprovechar la sabiduría de las masas cuando la idea de una persona enciende la de otra. En lugar de ser una agencia de publicidad de Madison Avenue haciendo pruebas de una nueva campaña de bebidas o Procter & Gamble probando cuál aroma es más "ducha fresca", este es un grupo de enfoque donde el centro eres tú. Esta es la organización.

Identifica un grupo de unos quince amigos y compañeros de trabajo confiables (de ocho a diez es el número ideal de asistentes, sabes que varios no podrán asistir y algunos otros cancelarán el día de la reunión). Diles que te gustaría entrevistarlos respecto a tu marca y que vas a realizar una sesión de grupo de enfoque a fin de obtener opiniones honestas porque quieres crecer a nivel profesional. (Si tienes algún amigo o amiga que también esté interesado en reinventarse, puedes sugerirle intercambiar las tareas de anfitrión para la sesión. Tú puedes hacerte cargo de invitar a sus amigos y compañeros de trabajo y viceversa. Eso puede ser útil si eres tímido. Después de todo, suele ser más fácil hacer las cosas para otra persona y no para ti mismo).

Pero, ¿qué pasa si no tienes un amigo a quién acudir? La idea de organizar una sesión de grupo donde tú eres el tema de discusión puede ser muy intimidante. ¿Qué si tus amigos y compañeros de trabajo la consideran una imposición? (Si no quieren hacerlo, no te preocupes, encontrarán una excusa para disculparse y no asistir). Y, ¿es en verdad una buena idea invitar a una reunión a un grupo grande de personas para que señalen tus debilidades? ¿Qué tal que descubras que alguien a quien respetas tiene una percepción negativa de ti, que eres irresponsable o desconcentrado o un mal gerente?

La idea de enfrentar la cruda verdad puede ser intimidante. Recuerda: tus amigos y compañeros de trabajo no se molestarían en participar si no se interesaran por ti y lo que valoras. Todos tenemos fortalezas y debilidades, y tu grupo se está reuniendo porque quieren ayudarte a tener el mayor éxito posible. Sin duda, independiente de si realizas una sesión de grupo de enfoque, es muy probable que ellos sean las personas en quienes necesites apoyarte en tu proceso de reinvención personal. ¿Por qué no involucrarlos en el proceso ahora y obtener su apoyo? Ellos son tu mejor esperanza de opiniones honestas respecto a tus fortalezas y debilidades, cómo eres percibido en la actualidad, y otras perspectivas que pueden ahorrarte tiempo y energía en identificar tu camino a seguir. Aún más importante, ellos son tus aliados, a quienes acudirás en busca de mentoría, opiniones y (con el tiempo) nuevos negocios y referidos. Puede parecer una imposición hacerlo, pero la verdad es que se necesita todo un pueblo para reinventarte.

Cómo hacer que funcione

En lugar de usar unas instalaciones de sesiones de grupo de enfoque (son muy lujosas, por lo general localizadas en complejos de oficinas sin identidad o rascacielos, en salas de juntas con espejos en las paredes para que el cliente pueda observarlo todo desde una habitación oscura) la sala de tu casa será suficiente. Asegúrate de tener suficientes sillas cómodas y, así como en las verdaderas sesiones de grupos de enfoque, ofrece una cena y/o constantes pasabocas de alta calidad. Ordena bastante. Las verdaderas sesiones de grupos de enfoque por lo general pagan a los participantes de $50 a $100 dólares por unas pocas horas de trabajo, pero tus amigos te están haciendo un favor. (Sin embargo, si puedes hacerlo, es un gesto de muy buen gusto dar un pequeño obsequio de aprecio, como una tarjeta de regalo para ir a un café o una compra en una librería).

Como tus amigos están participando en tu sesión de grupo de enfoque solo por bondad en su corazón, no abuses. Haz que dure noventa minutos y sé estricto con el tiempo. Dispón de treinta minutos desde un principio como colchón para los que lleguen tarde y para que las personas se mezclen y disfruten de algunos pasabocas. Luego tienes sesenta minutos para sondear las preguntas de las que más deseas escuchar respuestas: qué percepción tienen de ti, tus fortalezas y debilidades, en qué tipo de trabajos o entornos las personas te pueden ver más y cosas similares. En este punto hay dos funciones críticas: el facilitador y el escribiente. Si eres un excelente moderador (puedes hacer que las reuniones avancen con eficiencia, logras retomar la palabra con amabilidad ante los que divagan, sondeas declaraciones interesantes), entonces hazlo. Pero, para la mayoría de la gente no es tan fácil hacerlo, en especial cuando el tema a tratar eres tú. En lugar de eso, aprovecha a un amigo o compañero de trabajo que, en tu opinión, sobresalga en esta área (¿quién hace el tipo de reuniones a las que te gusta ir?) y pregúntale si está dispuesto a ayudar.

Una buena función para ti, si no eres facilitador, es ser el escribiente. Toma asiento en silencio, en la parte de atrás, no interrumpas y solo toma notas de lo que los demás dicen. Escribe todo lo que parezca interesante o importante (también es una buena idea, haciéndolo con permiso, grabar la sesión para que puedas reproducirla y revisarla en el futuro). Quizás quieras interrumpir o discutir, según lo que se diga, pero tu trabajo es guardar silencio. En lugar de hacerlo, haz un acuerdo con antelación con el moderador para que puedas hacerle llegar notas con preguntas y él pueda hacer seguimiento a cualquier punto clave.

Quizás también quieras tomar cinco minutos al final de la sesión y pedirles a los asistentes que escriban un breve resumen de sus percepciones (tres palabras que te describan, la habilidad más importante en la que deberías trabajar para desarrollar y cosas similares). A pesar de tus suplicas, algunos participantes pueden ser muy tímidos para expresar sus pensamientos, así que esta es una buena manera de asegurar que has captado sus perspectivas.

Organizar tu propia sesión de grupo objetivo requiere trabajo y no es para todos. Sin embargo, puede ser un medio rápido para obtener perspectivas interesantes y encontrar aliados que te ayuden a preparar tu nueva marca.

Intenta esto

- Haz una lista de quince personas que vas a invitar a tu sesión de grupo de enfoque.

- ¿Cuáles son las preguntas más importantes que quieres hacer? (Ten de cuatro a cinco).

- ¿Quién es tu moderador?

La reunión de sesión de grupo objetivo

Mary Skelton Roberts había desarrollado una carrera internacional como experta en resolución de conflictos.[1] Hace ocho años, se encontró de vuelta en los Estados Unidos buscando un nuevo desafío. "Sentía que le había dado todo lo que tenía a la resolución de conflictos y era hora de explorar otra cosa", recuerda. Le mencionó su búsqueda a su amigo Don, quien le dio la idea de hacer una sesión personal de grupo de enfoque. Cuando Don se ofreció a dirigir la sesión de Mary, ella aceptó de inmediato.

Él me sugirió invitar participantes que "me conocieran muy bien, y pudieran hablar de mí en mis diferentes fases de la vida", recuerda Mary. Así que creó una lista de diez nombres: su "equipo de ensueño" de amigos y consejeros que le darían opiniones honestas, incluyendo a amigos de la niñez o compañeros de la universidad hasta colegas y hermanos.

Aunque algunos podrían sentir miedo de invitar a colegas para que los analicen y evalúen, Mary no dudó en hacerlo: "Mis amigos ya me daban sus opiniones y consejos, así que, aunque por lo general no tiene un guion como este, ya tenía ese tipo de relación con las personas cercanas a mí. Además, muchos me decían que una de mis mejores fortalezas era la habilidad de escuchar y dar opiniones profundas, así que algunos pueden haberlo visto como una oportunidad para ser recíprocos y ayudarme". Los diez invitados aceptaron asistir.

Se sentaron en la sala de la casa de Mary, comieron pasabocas y comenzaron a llenar cuatro hojas de trabajo que Don distribuyó. La parte superior de la hoja decía...

- Los grandes atributos de Mary son...
- Podría ver a Mary...
- El mundo sería un mejor lugar si Mary...
- Yo ayudaría a Mary al...

Durante varias horas, Don dirigió la conversación pidiéndoles a los participantes que compartieran sus respuestas a cada pregunta. Mary permaneció en silencio, absorbiéndolo todo. "Todo lo que podía hacer era escuchar", dice ella. "Pude hacer preguntas de aclaración o pedir más información, pero todo con el ánimo de absorber, no de reaccionar o criticar".

Para Mary, el proceso fue revelador. Otras personas "tienen casi como una vista de encima y pueden ver tu vida desde perspectivas que tú no puedes verla, porque estás ocupado en vivir tu cotidianidad". Los participantes elogiaron sus habilidades de comunicación y liderazgo y la animaron a tener una mente abierta respecto a cómo traducirlas: "Ellos me veían trabajando para una campaña política o escribiendo un libro para niños". (Mary ahora es una funcionaria principal de programa en una fundación importante).

La sesión se concentró en fortalezas, no debilidades. Pero aun, así Mary tomó pistas importantes que surgieron en la conversación. "Entre los presentes había una percepción de que yo era una persona muy creativa y debería estar haciendo más en esa área", dice ella. "Mi interpretación de eso es que puedo ser muy intelectual y quizás debería haber un poco más de equilibrio con la creatividad".

Quizás las perspectivas más sobresalientes fueron sobre su vida personal: "Fue la primera vez que alguien lo dijo en voz alta: 'quiero verte con un hijo, creo que deberías explorarlo'. Hasta ese punto, no estaba segura de querer tener hijos, pero ese comentario le dio mucha más relevancia y vi que debía considerarlo con más atención".

Después de la sesión, ella tomó tiempo con su entrenador profesional y desarrollaron un plan de seis meses y un plan de todo un año basándose en las perspectivas y consejos que ella recibió, desde aumentar sus conexiones con otros consultores, hasta hacer más trabajo a nivel local. La sesión de grupo de enfoque dice Mary, " me llevó al siguiente nivel en términos de desarrollo profesional. Me ayudó a reenfocar mi práctica de consultoría para incluir más entrenamiento y desarrollo, algo que me encantaba hacer y en lo que de verdad era buena". El cambio más importante fue personal. Un año y medio después, nació su hija.

Tu presencia en línea

En estos días, una gran parte de tu marca personal está en internet. Es verdad que las percepciones de tus amigos y compañeros de trabajo se basan en las interacciones que tienes con ellos en la cotidianidad, pero si tienes hasta la fama más mínima (escribes un blog para el sitio de internet de alguna industria) o estás buscando empleo (y hay personas haciendo verificaciones básicas de antecedentes, el mundo más amplio se está creando una imagen de tu comportamiento en Facebook y Google). ¿Cuál es tu primer paso? Revisar y controlar tu rastro en internet, porque si no lo haces primero, esto puede volverse en tu contra.

De hecho, el *New York Times* perfiló una compañía llamada Social Intelligence, la cual "rebusca en internet información sobre todo lo que los candidatos a empleados puedan haber dicho o hecho en línea en el pasado hasta siete años atrás" y crea un informe sobre el candidato.[2] Al hacerlo, han descubierto comentarios racistas, referencias a drogas ilegales, material sexualmente explícito y aficionados a las armas. Espero que esa no sea tu rutina. Pero, aunque no seas un aficionado a las armas o estés pescando OxiCotin en Craigslist (como fue el caso de un potencial empleado que Social Intelligence perfiló), es probable que no estés entre los aceptados.

Puedes pulir tu presencia en línea solo con usar citas sabias de publicaciones de la industria y hacer publicaciones de blog incisivas respecto al futuro del negocio. De nuevo, quizás no aparezcas en línea tal como quisieras ser percibido. Tu condición puede ser banal, quizás eres un fanático al atletismo y lo único que aparecen son tus tiempos de carrera. Puede ser culpa de tus padres (si tu nombre es Joe Smith, la optimización de motor de búsqueda es un chiste cruel). Puede ser culpa de otra persona (alguien que conozco se ha atormentado por tener el mismo nombre de un expresentador de videos en MTV Asia y después un congresista hizo que renunciara debido a un escándalo sexual).

A veces, la imagen que emerge es completamente aterradora, como fue el caso de una joven mujer con quien me reuní en una ocasión para hacerle el favor a una amiga. Sin duda, era inteligente, estaba terminando sus estudios de posgrado en una universidad de la Liga Ivy y se encontraba en la búsqueda de un empleo en mercado. Tuvimos una buena conversación, pero al final de la reunión, ella se inclinó y bajó los ojos. "Hay algo más que debo mencionar", dijo. "No sé si antes de encontrarte conmigo buscaste en Google quién soy yo... en línea se dicen algunas cosas negativas acerca de mí".

Resulta que ella tenía un exnovio trastornado que hacía publicaciones difamatorias de ella. Como ella tenía un nombre poco común, sus comentarios surgían en cualquier búsqueda en línea y dificultaban mucho su búsqueda de empleo (ella estaba procurando emprender acciones legales). Desde luego, los malos comentarios de un novio despechado no deberían hacer parte de tu marca personal. Pero, gracias al internet, incluso el asunto más privado puede juntarse a tu imagen pública.[3]

No te detengas en Facebook

Revisa todo, porque si no lo haces, empresas como Social Intelligence lo harán. Ellos informan que menos de un tercio del contenido que ellos excavan proviene de sitios grandes tales como Facebook o Twitter. En lugar de eso, barren espacios menos conocidos, donde puede parecer "más seguro" publicar y encontrar las falencias de los candidatos. Comentarios en viejas publicaciones de blogs, paneles de noticias, anuncios de Craigslists o el viejo Yahoo! Los archivos de grupos son todos objetivos, sin mencionar fotografías y videos (los cuales pueden haber sido subidos por amigos con un juicio peor que el tuyo).

Además de tu primera aprobación, quizás quieras que otra persona también revise los datos. Todos saben que una fotografía tuya con una pipa de agua no es muy recomendable. Pero para algunos, puede parecer ingenioso ser miembros de un grupo de Facebook llamado "Esto es Estados Unidos, no debería presionar 1 para inglés", mientras que otros podrían considerarlo racista. (Sí, ese fue un caso real evaluado por Social Intelligence). Tener otra perspectiva puede ayudarte a descubrir puntos ciegos y áreas donde tu idea de "es tan solo una broma" podría ser muy mal interpretada.

Intenta esto

- Busca tu nombre en Google y también en otros motores de búsqueda tales como Bing y sitios de membresía (que puedan tener varias configuraciones de privacidad) como Facebook.

- Busca tu nombre entre comillas, como "Dorie Clark", así encontrarás enlaces a frases exactas. (También puedes encontrar cualquier documento, no importa lo extenso, que tenga esas palabras en su interior). No olvides buscar variaciones de tu nombre, incluyendo errores de escritura comunes o sobrenombres.

- No te des por vencido demasiado rápido. Mira cada página, porque puedes encontrar evidencias incriminadoras en la página 26 de tu búsqueda en Google. Si hay algo malicioso, falso o inapropiado, alguien lo encontrará y, por bien tuyo, es mejor que lo encuentres tú primero.

Busca patrones en evaluaciones
de desempeño del pasado

Quizás también tengas acceso a datos directos respecto a cómo te perciben los demás, tales como evaluaciones de desempeño en tu lugar de trabajo (o empleos anteriores). No todos los empleadores tienen todo tan organizado como para requerir encuentros y evaluaciones formales, así que no te preocupes si no están disponibles. Pero, en especial cuando se trata de organizaciones más grandes, es muy probable que tengas un rastro de papel. (Si te has presentado a un programa de posgrado o para una beca específica, quizás tengas acceso a cartas de recomendación que otros han escrito para ti, las cuales son un tesoro de inteligencia).

En primer lugar, reúne el material y luego da un paso atrás. Vas a tener opiniones respecto a todos los que han escrito algo acerca de ti. Quizás tu exjefe haya dicho que eres demasiado orientado a los detalles, pero tú solo te comportabas de esa manera porque ella era muy desorganizada, nada se habría hecho si no hubieses tomado las riendas. Quizás tu profesor de la escuela de posgrado te criticó por haber entregado tarde algunas tareas, pero no tomó en cuenta que tu padre había sido diagnosticado con cáncer ese semestre.

Es natural tomar una actitud defensiva cuando te ves evaluado en el papel e intentar justificar cualquier crítica. Trata de no hacerlo. No nos preocupan los caballos de batalla de alguien (Jeff es un gran empleado, ¡pero todo el tiempo confunde 'allá' con 'haya' en sus memos!"). Deberías tomar las cosas en serio cuando todos (o casi todos) dicen que tu ortografía, tu excesiva dirección o tu incumplimiento es un problema, y también debes hacer lo mismo con tus fortalezas. (Stein, la exconsejera profesional de Radcliffe, indica que sus clientes a menudo son muy conscientes de sus debilidades y les resulta mucho más difícil apreciar sus atributos positivos).

¿Eres muy agradable?

Una advertencia es ser consciente de los "acertijos de agrado". La profesora de la Escuela de Negocios de Harvard, Amy Cuddy, indica que muchas personas ven la calidez y la competencia como "inversamente relacionadas", es decir, si eres muy amable, debes ser un poco tonta.[4] Esas son malas noticias para las mujeres ejecutivas, quienes suelen ser catalogadas como y culturalmente entrenadas para ser "muy cálidas".

En efecto, el estudio de una publicación de psicología reveló que, en las evaluaciones de abogados junior en una firma de abogados de Wall Street, "a las competencias técnicas se les daba más peso en calificaciones numéricas que a los hombres" en comparación con la calidez interpersonal de las abogadas.[5] Así que, aunque las mujeres recibían elogios más efusivos en la sección de comentarios, los hombres recibían calificaciones numéricas que, en general, eran más elevadas (y puedes adivinar a quiénes se les daba preferencia al determinar los ascenso de cargo).

Recuerdo que, en una ocasión, escuché una entrevista de referencia para una mujer llamada Kelly. Su exjefe la elogió diciendo que "trabajar con ella era una delicia". Era claro que el jefe tenía un muy buen concepto de Kelly y deseaba ayudarla con este codiciado cargo. Pero al final de la entrevista, Kelly parecía muy amable y muy débil. Nadie describiría a un hombre en esos términos, y si ella estaba compitiendo contra un candidato masculino cuyo referido elogiara sus "extraordinarias capacidades" y "pasión por ganar", estoy segura de que sé quién obtendría el cargo.

Así que busca estereotipos que puedan presentarse de imprevisto. Quizás sean precisos (no todas las mujeres son cálidas, no todo hombre francés es distante, no todo hombre gay es ingenioso), pero es muy probable que, de una u otra manera, ellos están forjando cómo te ven los demás a ti.

Uniendo los puntos

Por último, sintetiza tus datos. Cualquier encuestador de alta calidad se esfuerza por obtener una muestra representativa (si tienes muchos ciudadanos mayores o no suficientes hispanos en la muestra, tus resultados pueden verse sesgados dramáticamente). Así mismo, asegúrate de asignar el peso apropiado a cada variable. No te obsesiones con algo que alguna persona haya dicho, tu tarea es buscar patrones. Es fácil que algo negativo se quede en tu cabeza (una amiga me ha citado tantas veces una revisión crítica de su trabajo, que casi la puedo recitar de memoria, y la escribieron hace una década). Pero el poder de un gran elogio puede nublar tu entendimiento de la percepción general que tienen los demás de ti. Recuerda: estás buscando patrones y tendencias.

Hazte estas preguntas y asegúrate de tener en cuenta cada categoría: las entrevistas 360, tu sesión de grupo de enfoque, tu presencia en línea y las revisiones de desempeño y cartas de recomendación internacional.

- ¿Qué adjetivos, ya sean positivos o negativos, usan las personas para describirme?

- ¿Qué habilidades dicen que tengo o que carezco?

- ¿Qué aspectos de mí o mi marca son de los que se habla con más frecuencia?

- ¿Hay aspectos de mí o de mi marca que son citados como únicos o inusuales?

Ahora, más importante que todo, debes determinar si te gusta lo que estás oyendo. Comienza a pensar en las palabras con las que quieres que las personas te relacionen. Cohn dice: "es probable que las personas digan: 'te veo como alguien metódico, considerado y amable'. Esas son cualidades profesionales agradables, pero no son una marca de liderazgo como 'decidido'. No es malo, pero no te llevará a los altos cargos ejecutivos. Nuestro trabajo en el próximo capítulo es ayudarte a identificar a dónde quieres ir, ya sea a los altos cargos ejecutivos de la compañía en la que trabajas actualmente o hacia un nuevo campo, y comenzar a reformar tu marca para llegar allá.

RECUERDA:

» Si tres personas te dicen que eres un caballo, compra una silla de montar. En otras palabras, así creas o no que una percepción acerca de ti es verdad, si una cantidad suficiente de personas la comparte, es mejor que la tomes en serio.

» Las sesiones de grupo de enfoque con amigos y compañeros de trabajo pueden revelar perspectivas muy dicientes respecto a ti. Considera en serio organizar una reunión o al menos acercarte personalmente a compañeros de trabajo confiables a fin de conocer su perspectiva.

» Haz que los demás se sientan seguros dando opiniones reales. Si para ti es claro que están endulzando lo que dicen, pídeles la verdad y haz preguntas en pares, de modo que ellos puedan hablar sobre una fortaleza y una debilidad.

» Busca tu nombre en Google y no te detengas en la primera página de resultados del motor de búsqueda. Revisa para asegurarte de que no haya evidencias incriminadoras o información falsa acerca de ti en internet. (Si la hay, contacta al administrador del sitio y amablemente pide que eliminen dicha información. Si no coopera, es probable que tengas que recurrir a un abogado).

» No des demasiada credibilidad a opiniones tangenciales, más bien, busca patrones.

CAPÍTULO 3

Investiga tu destino

Ahora que tienes una mejor comprensión de tu marca actual y las fortalezas y debilidades que van con ella, es hora de investigar tu próximo paso. Si ya tienes una teoría en funcionamiento (quiero pasar de ser gerente de proyecto a ventas), puedes probarlo e investigarlo antes de entrar de lleno a hacerlo. Si todavía no estás seguro de cuál es el paso a seguir, esta es tu oportunidad de encender ideas y recolectar nuevas perspectivas para que puedas evaluar mejor las oportunidades más adelante.

Una advertencia es que, en este punto de tu reinvención, suele ser una buena idea mantener un bajo perfil. Más adelante, cuando hayas solidificado tu marca, desearás anunciarla desde las azoteas (así es como puedes ganar clientes para tu nuevo negocio u obtener una oferta de trabajo muy bien pago donde puedes usar tus nuevas habilidades). En esta etapa inicial, quizás no tengas un sentido completamente formado respecto a tu destino y esa incertidumbre tiene el potencial de confundir a los demás.

Como la entrenadora ejecutiva con base en San Francisco, Rebecca Zuccker dice: "si no estás seguro de qué es lo siguiente, aun así, debes verte de tal forma que inspires confianza y haga que los demás quieran ayudarte. No puedes salir al mundo estando perdido, porque nadie estará dispuesto a invertir capital en tu lugar". En lugar de eso, el secreto está en aminorar la marcha y determinar en dónde quieres invertir tu energía.

En este capítulo hablaremos de cómo tener claridad de tu dirección para el futuro. Cubriremos lo siguiente:

- Por qué debes comenzar por tomar tiempo libre

- Cómo hacer investigaciones tras bambalinas

- Cómo ganar amigos y no alejar a las personas mediante entrevistas informativas.

Haz una pausa

Si has estado sufriendo con un empleo o una profesión que encuentras insatisfactorios, quizás estés ansioso por comenzar con el resto de tu vida. Ese fue sin duda el caso de una mujer que visitó a Phyllis Stein, el consejero para carreras profesionales. "Por catorce años, había sido veterinaria en su propia consulta", recuerda Stein, "y durante esos catorce años estuvo disponible siete días a la semana. En toda mi vida, literalmente, no había conocido a nadie que hubiese trabajado de esa manera, ni siquiera médicos o abogados". La mujer se sentía miserable, cuando Stein le preguntó acerca de sus aspiraciones profesionales, sus primeras palabras fueron; "nunca más quiero volver a ver otro animal". Ella quería comenzar a planear su siguiente movimiento, pero Stein le insistió que aguardara: "Le dije: 'No creo que debas tratar de identificar cuál es tu siguiente paso a seguir. Deberías tomar nueve meses de vacaciones, para compensar las vacaciones que no tuviste en catorce años, y puedes volver el próximo septiembre'. Ella se encontraba en una condición de agotamiento total en la que no le era posible pensar con creatividad".

En efecto, cuando la mujer volvió el siguiente año, estaba al mismo tiempo más relajada y más concentrada. "No tardó en encontrar una nueva dirección que resultó ser muy creativa", dice Sten, convirtiéndose en una veterinaria de salud pública internacional, con lo cual pudo viajar por todo el mundo ayudando a los animales.

Tu investigación tras bambalinas

En las oscuras épocas antes que existiera el internet, era casi imposible descifrar trayectorias profesionales no tradicionales. *¿Cómo obtuvo ella un empleo como ese? ¿Qué tipo de entrenamiento tuvo él?* Si no los conocías personalmente o si no eras un reportero que podía importunar a alguien para desarrollar su biografía y para un equipo de prensa, nunca lo podrías saber. Sobra decir que algunos de los trabajos más emocionantes no tienen un camino claro.

Pero las cosas son diferentes en la actualidad. En la era después de Google, se pueden hacer investigaciones masivas mucho antes de incluso hablar en persona con alguien. Conozco un exitoso ejecutivo que ha adoptado el hábito de "acechar las biografías" de personas que admira. La mejor manera de llegar a donde ellos están dice él, fue emularlos, al pie de la letra. Desde llegar a ser alguien cercano a la Casa Blanca hasta desarrollar un gusto por las maratones, él emuló el régimen de esas personas para alcanzar el éxito. ¿Obsesivo?, sí, pero apenas pasa los treinta años y ha sido ampliamente elogiado en los medios y, con sus competencias, ya ha recaudado más de un millón de dólares para la caridad.

Por su puesto, la lectura es otro canal principal de investigación. Puedes tomar una página de Bill Gates quien, según la descripción de Steven Johnson en su excelente libro *Where Good Ideas Come From* (*De dónde vienen las buenas ideas*), cada año toma dos "vacaciones de lectura" de dos semanas en las que se sumerge en al montón de libros que ha estado recolectando. Así que guarda tu lista de títulos (desde recomendaciones de amigos, revisiones en revistas de la industria, o algoritmos de Amazon) y asegúrate de ser conocedor de los principales libros de tu campo de trabajo antes de comenzar a crear redes con otras personas.

Hay cuatro beneficios directos. Primero, en particular, si estás leyendo biografías o memorias, puedes tener una mejor perspectiva en cuanto si una industria es para ti o no (por ejemplo, el libro titulado *Liar's Poker* (*Poker de un Mentiroso*) escrito por Michael Lewis, les ha dado a muchas generaciones el sabor que tiene la vida en Wall Street). Segundo, tu inmersión te ayudará a dominar la terminología. En algunos campos, la espesura de la jerga puede ser densa, y lo que buscas es tener credibilidad. Tercero, puedes encontrar algunas anécdotas divertidas para compartir cuando converses con otros, lo cual puede ser útil para lubricar las puedas de las interacciones sociales.

Por último, cuando comiences a encontrarte con otros profesionales podrás hacer preguntas más acertadas y mejor informadas para hablar de tus metas. Stein les dice a sus clientes: "si algunas de las opciones que están explorando es ser abogados, no quiero que busquen a un abogado para hacerle preguntas tontas tales como '¿qué se siente ser abogado?'". El entrenador ejecutivo Michael Melcher está de acuerdo: "Debes mostrar que has hecho tu tarea, que has avanzado lo que más puedes antes hablar con la persona" y anima a las personas a considerar el "más elevado y el mejor uso" de la persona que están entrevistando. En otras palabras, si puedes encontrar cierta información en línea o por medio de libros, no desperdicies el tiempo de un profesional para obtener dicha información. Debes hacer preguntas más sofisticadas y refinadas (en lugar de "¿en dónde puedo obtener entrenamiento?", piensa "me gustaría escuchar tu consejo respecto a la elección de dos modelos diferentes de ingresos").

Intenta esto

- Haz una lista de las personas que consideras que están haciendo cosas muy interesantes (cualquier persona, desde famosos líderes de negocios, hasta tu vecino que vivió por un año en Bangkok).

- Acecha sus biografías en internet. Por lo general, puedes encontrarlas en la página "acerca de" del sitio de internet de la compañía donde trabajan, pero quizás también debas hacer algo de trabajo detectivesco. Si es alguien bien conocido, lee artículos de noticias para familiarizarte con su progreso profesional.

- Identifica patrones. Si cada persona que admiras hace parte del club Rotario, quizás debas considerar vincularte a ese club. Si todos recaudan dinero para la lucha contra el cáncer de seno, puedes desarrollar una red sólida e involucrarte.

- Haz una lluvia de ideas de metas tentativas, según tus ídolos. Puedes refinarlos luego (y trabajaremos juntos para encontrar el "cómo"). Pero ahora debes pensar en grande: visitar al menos cincuenta países, tener tu propio programa de radio, recaudar un millón de dólares para caridad, ser nombrado socio, o lo que sea que más te atraiga.

Entrevistas informativas

Armado con tu investigación tras bambalinas, ya estarás listo para hablar de trabajo con expertos reales. Las entrevistas informativas son una oportunidad sin igual para conectarte con personas que hacen lo que quieres hacer, para hacer preguntas en tiempo real respecto a cómo es su profesión y para eliminar las malas opciones. (Por lo general, los mejores puntos de partida para conocer a otras personas son amigos de tus amigos o tu red de exalumnos).

Karen Landolt, una abogada corporativa que pasó a dirigir una oficina de servicios de carreras universitarias, les pide a sus estudiantes que realicen al menos cuatro entrevistas informativas y den un reporte de esas entrevistas. Ella recuerda: "hay personas que se han acercado a mí y dicen: 'quiero trabajar en Goldman Sachs' y yo les digo, 'genial, ¿con quién has hablado que ya esté trabajando allá?' Y la respuesta es: con nadie, pero ellos ganan mucho dinero. Y yo les digo, 'sí, pero trabajan 120 horas a la semana, ¿y has hablado con alguien a las 3 a.m.?'".

Las entrevistas informativas tienen un riesgo que la mayoría de las personas no reconocen: si no sabes cómo hacerlas bien, puedes torpedear la relación, en caso de que no des una buena primera impresión. Estos son los seis pasos a seguir.

Primer paso:
Sé claro respecto a la ayuda que estás buscando

Como un favor para mis amigos, a menudo doy entrevistas informativas a personas que ellos conocen y que están entrando a la fuerza laboral o están buscando cambiar de empleo. Por lo general, las personas que vienen a mí son muy amables, y me encantaría ayudarlas, pero muchas tienen tan poca claridad que, en realidad, no sé cómo hacerlo. Cuando necesitas un empleo y no tienes completa claridad respecto a lo que quieres, una buena estrategia sería dejarte en manos del destino. "Me gustaría algo en comunicación". Bien, sí... pero, ¿qué tipo de empleo en comunicación? ¿Mercadeo? ¿Publicidad? ¿Relaciones públicas? ¿Para una entidad sin fines de lucro? ¿Para una corporación grande? ¿En atención médica? ¿Para productos de consumo masivo? Resulta ser una tarea monumental el solo pensar en cómo dar asistencia.

Es mucho más fácil ayudar a personas con peticiones específicas y puntuales. Francine, quien tomaba una clase de mercadeo que yo enseñaba en la Universidad de Tufts, me pidió consejo para obtener "un empleo en mercado para una empresa en la industria de alimentos". Gracias a su especificidad, para mí fue claro de inmediato qué clase de ayuda podía darle. Organicé unas entrevistas informativas para ella con mi amigo Stephen, un consultor de restaurantes, y Larry, quien dirigía una compañía de chocolate artesanal. Ella terminó ayudando a Larry con algunas demostraciones del producto y él la conectó con una práctica.

¿Pero qué puedes hacer si no estás seguro de lo que quieres o estás interesado en múltiples carreras potenciales? Solo haz algo por ahora. Ser específico puede expandir tus opciones en lugar de limitarlas. La gente puede decir cosas como: "no conozco a nadie en arqueología en New England, pero si te gusta la preservación histórica, conozco a alguien que trabaja en la Sociedad Victoriana". Lo que debes buscar es crear una imagen tan clara que tus contactos puedan pensar en personas de la vida real que conocen y pueden ayudarte.

Por último, una advertencia, puedes afectar tu causa si haces que tu entrevista informativa sea una carnada y un medio de entrada. No llames a tus contactos para tener un encuentro casual, solo para para sorprenderlos con la notica de que tú también quieres incursionar en su campo. En lugar de eso, sé claro con tus motivos, es muy probable que digan sí.

Segundo paso:
Respeta el hecho de que te están haciendo un favor

Enfrentémoslo: tú eres el que está pidiendo el tiempo de otro, así que debes procurar que sea conveniente para esa persona. Deja que elija la fecha, la hora y el sitio, y asegúrate de pagar su bebida o su cena. (He escuchado a amigos desempleados quejarse por tener que gastar dinero para invitar a cenar a personas que tienen un buen salario, algo que es una perspectiva muy equivocada. Es probable que su tarifa por hora sea tan alta que tomar tiempo para encontrarse contigo puede costarles cientos de dólares en productividad perdida. Lo mínimo que puedes hacer es comprarles una infeliz taza de café).

También debes asegurarte de no hacer mal uso de su generosidad al tomar demasiado tiempo. Landolt, quien calcula que ha hecho más de cien entrevistas informativas en la última década, dice: "si me dicen que tienen veinte minutos, yo hago un seguimiento minucioso del tiempo. Luego digo, 'ya han pasado veinte minutos y, si tiene más tiempo, tengo más preguntas, pero si no es así, quiero respetar su tiempo'".

Tercer paso:
Haz las preguntas correctas

Esta es la incorrecta: ¿tiene algún trabajo para mí? Porque si no lo tiene, esto dará por terminada la conversación de forma definitiva. Las buenas preguntas reflejan una comprensión básica del campo (no estás molestando con preguntas banales) y hacen que te concentres en las experiencias que ellos han vivido, así que puedes captar un sentido de cómo es su trabajo. Stein sugiere preguntas como:

- ¿Cómo es tu día típico? ¿Cómo es tu semana típica? (Y si existe algo así, pídele que te describa sus últimos días)

- ¿Qué es lo que más te gusta y lo que menos te gusta de tu trabajo?

- ¿Qué se necesita para tener éxito en este campo? ¿En esta compañía?

- ¿Cuál es el promedio de salario en cargos de este nivel?

- Planeo los siguientes pasos para obtener un empleo en este campo (nómbralos). ¿He pasado por alto alguna estrategia o recurso que consideres útil?

Cuarto paso:
Vete con otros nombres

En este punto, puedes aprender de los que trabajan en ventas: asegúrate de preguntar si en la compañía o en la industria hay otras personas con quienes creen que deberías tener conexión y si estarían dispuestos a presentarte con esas personas. LinkedIn también es útil aquí porque fácilmente puedes ver si tus colegas tienen conexiones con, por ejemplo, otros comerciantes, empleados de Comcast o especialistas en cultura argentina. Y no olvides las redes de exalumnos, ya sea de tu universidad, de la escuela de posgrados o antiguos empleadores.

Landolt recuerda: "cuando estaba haciendo una transición, me encontraba en una firma de 450 abogados y una rotación de personal del 70%. Por todas partes, encontraba abogados que habían trabajado para esa firma y usé la red, porque habíamos pasado por lo mismo. No nos conocíamos el uno al otro, pero yo hablaba con quienes sí seguían trabajando para la firma y les preguntaba '¿puedes presentarme con esta persona?'. Y la respuesta era, ¡claro que sí!".

Intenta esto

- Escribe en una frase de declaración de posicionamiento lo que quieres compartir con otros. (Si tienes múltiples metas posibles, crea una para cada meta). Un ejemplo puede ser: "estoy explorando hacer un cambio, pasando del campo de legislatura de ley de propiedad intelectual a la de entretenimiento" o "me gustaría saber más acerca de cómo otras personas han manejado el cambio de pasar de ser gerente a vicepresidente y qué habilidades se necesitan para lograrlo".

- Pasa una hora en una librería (en línea o física) y busca títulos que te interesen. Haz una lista de, al menos, media docena de libros que planeas leer. Cómpralos ahora o pídelos en tu biblioteca local.

- Escribe una lista de diez personas a quienes les vas a pedir una entrevista informativa. Escríbeles un correo electrónico a tres de ellos ahora mismo.

- Haz una lista de las cinco a diez preguntas que quieres hacer para poder obtener el máximo valor de tu entrevista informativa. No olvides incluir preguntas que te ayuden a aprender más de la persona como individuo, para que puedas identificar cómo seguir en contacto y quizás poder ayudarle más en el futuro

Quinto paso:
Mantén viva la conexión

Escribe tu nota de agradecimiento, esto impacta. Elizabeth Amini, una emprendedora en línea, recuerda que, un año después de una entrevista, "cuando fui a esa oficina, mi nota de agradecimiento estaba en la pared". Pero, mientras la mayoría de personas tratan las entrevistas informales como peldaños hacia empleos potenciales o fuentes de datos de un solo contacto, la meta real es hacer que una reunión de treinta minutos tomando un café se convierta en una relación. Uno de mis libros favoritos de negocios de los años 80 es *Swim with the Sharks Without Being Eaten Alive* (*Nada con los tiburones sin que te coman vivo*) de Harvey Mackay. Mackay dirigía una compañía de sobres, el último de los negocios de productos básicos, pero pudo prosperar al diferenciar su firma mediante un excelente servicio. Él ordenó que sus empleados usaran "La Mackay 66", una lista de preguntas que debían responder sobre sus clientes, no mediante un único interrogatorio, sino por conocerlos con el paso del tiempo.

Durante tu entrevista informativa, además de los factores acerca del trabajo de una persona, lo ideal es que quieras formar los bloques de construcción de una relación constante al encontrar detalles clave de los que puedes hacer seguimiento. Quizás esa persona acaba de volver de unas vacaciones den Fiji o a los dos les gustan los Dodgers o sus hijos estudiaron en la misma escuela. Ese es tu punto de partida, así puedes concentrarte en enviar artículos interesantes de viajes, una nota cuando su equipo llegue a las finales o invitarle a sentarse a tu lado en un evento de recaudación de fondos de la escuela. Con cada interacción, esfuérzate por conocer más de esa persona para que la relación sea más tridimensional. El proceso de conocer dónde creció una persona, su universidad, los nombres y las edades de sus hijos, sus pasatiempos favoritos, sus restaurantes favoritos, los empleos previos que tuvo y sus metas a largo plazo te da una gran cantidad de oportunidades para establecer conexiones con esa persona respecto a los intereses que comparten y mantener así un diálogo.

Sexto paso:
Domina el seguimiento

Así como tus contactos te están ayudando, debes procurar añadir valor a sus vidas. Quizás sea ofreciéndoles presentarles a alguien que tú conoces que también es de Boise, de Berlín o de Beijín. También puede ser dándoles una conexión útil (una amiga que buscó mi ayuda en la preparación para una entrevista de trabajo me impresionó mucho con sus conexiones cuando tiempo después me conectó con un prominente contacto de negocios que había conocido en la iglesia). Y quizás solo puede ser una voz de aliento. Procuro dar mucha importancia a felicitar a colegas cuando veo que los han citado en una publicación en el diario de negocios local.

Otra gran excusa para seguir en relación con tus contactos va de la mano con la naturaleza "viral" de tus entrevistas informativas. Después de que te has reunido con alguien, asegúrate de hacer seguimiento con esa persona y con quien te refirió ese contacto. Rebecca Zucker, la entrenadora ejecutiva, dice: "siempre animo a las personas a que vuelvan a contactar a sus entrevistados, les agradezcan y les hagan saber 'estas son algunas de las cosas que aprendí y de las que me gustaría hablar más contigo a medida que avanzo', hacer que sea un canal de retroalimentación abierta. Puedes decir: 'estas son dos o tres cosas en las que voy a estar trabajando'".

Elizabeth Amini está de acuerdo. "La manera más fácil es estar en contacto alrededor de hitos importantes", dice ella. Puedes enviar saludos de temporada ("gracias por ser mi mentor este año"), actualizaciones en consejo que te hayan dado y artículos relevantes (Elizabeth, mientras se conectaba con capitalistas de riesgo, programó Alertas de Google sobre las compañías que ellos estaban respaldando y les enviaba videos interesantes). A veces, las oportunidades para conectarse se presentan por sí solas. Tras el tsunami asiático de 2004, Elizabeth hizo una pequeña donación de $10 dólares a nombre de cada uno de sus mentores y les envió una corta nota para informarles. "No fue nada calculado", dice ella, "pero recibí más respuestas que nunca. Todos estaban muy agradecidos".

Realizar muchas entrevistas informativas puede sonar estresante, pero una clave para disfrutar el proceso es mantenerlo en perspectiva. "Me gusta almorzar acompañada", dice Karen Landolt. Cuando se sentía desmoralizada en su empleo como abogada corporativa, "eso me daba algo para mirar adelante. Era algo casi terapéutico y así podía soportar mis días: al menos pude almorzar con esta persona tan interesante".

Cómo hacer conexiones que nunca pensaste posibles, la historia de Elizabeth

Elizabeth Amini pensaba que quería ser cirujana. Pero tras finalizar sus estudios en ciencia cognitiva, durante una práctica en un hospital, ella descubrió que la medicina no era una buena opción. Después de iniciar una firma de diseño gráfico y luego trabajar para la NASA, Amini, a la edad de treinta años, se encontró sin rumbo. "Me sentía muy perdida", recuerda ella. "Todos mis amigos con los que había estudiado en la escuela de premedicina ya se habían graduado estaban ejerciendo su profesión y ahí estaba yo, sin saber qué dirección profesional debería seguir".

Ella decidió abordar un método estratégico para encontrar su vocación. Hizo una lista de las posibles profesiones que la intrigaban y se dispuso a obtener de cinco a diez fuentes de información por cada una, entre las que había entrevistas informativas. ¿Cuál era el problema? No tenía muchos contactos en los campos que estaba explorando, así que debía ser creativa para tener éxito con llamadas en frío.

Para comenzar, investigó en línea para encontrar a la persona correcta que debía contactar en cada compañía de su interés (mediante investigación en internet había identificado compañías grandes con base en su ciudad). Escribía el nombre de la compañía junto con frases tales como "vicepresidente de negocios internacionales", para así obtener el nombre correcto. Luego verificaba la fecha (para estar segura de que ese era el cargo actual y que él o ella no había sido promovido a otro cargo o había salido de la compañía) y trataba de recoger algo de información (por ejemplo, que ese ejecutivo lideraba una expansión en Suramérica).

Luego buscaba en línea la oficina de prensa de la compañía o el departamento de relaciones con los inversionistas para encontrar el correo electrónico de la persona de contacto, lo cual le permitía deducir el patrón de correo electrónico estándar de la compañía (por ejemplo, john.doe@company.com). También procuraba encontrar el sobrenombre preferido de dicho ejecutivo. "Cuando el nombre es Michael", ella dice, "busca para ver si atiende al nombre 'Michael' o 'Mike'. De otra forma, la secretaria pensará, 'nadie lo llama así, probablemente usted no lo conoce'". Por último, llamaba a la línea principal de la compañía en horas no laborales para ser dirigida al directorio de buzón de voz y conocer la extensión de buzón de voz del ejecutivo.

Armada con esta información, ya estaba lista para hacer su siguiente movimiento. Podía enviar un correo electrónico o incluso mejor, llamar directamente. "Cuando llamas y pides directamente un número de extensión, nunca preguntan por qué estás llamado, contrario a lo que sucede si preguntas por el nombre de alguien", dice ella. También recomienda llamar justo antes o después de horas laborales, cuando es probable que las secretarias no estén en sus escritorios, pero es probable que los ejecutivos entregados al trabajo sí lo estén. "Es importante saber si la secretaria está presente porque tratará de deshacerse de ti, así que debes procurar evitar a la secretaria lo que más puedas", dice ella.

Habría sido fácil para ella tener en su mira a empleados de rango bajo. Pero Elizabeth se resistió a la tentación. "Todos te dicen que comiences con personas que conoces, en uno o dos grados de separación", dice ella. "Pero las probabilidades están en que las personas que conoces tienen cargos de gerencia media, o quizás se graduaron de la universidad hace pocos años". Si de verdad quieres conocer cómo es una industria, debes hablar con veteranos expertos.

El Director Ejecutivo, la imagen pública de la compañía, vive bombardeado de solicitudes. Es por eso que Elizabeth comenzó su investigación inicial a un nivel más abajo, con la oficina del director de operaciones, "porque ese cargo conoce a todo el mundo", dice ella. Su meta no era obtener una entrevista con el director de operaciones, algo que era poco probable. En lugar de eso, quería conocer su posición oficial: "Puedes decir, sé que el director de operaciones quizás no sea la persona correcta para hablar, pero ¿quién es su mejor vendedor o su persona estrella en el mercadeo? Y luego puedes decirle a esa persona que la oficina del director de operaciones te recomendó contactarla, así que no te van a rechazar".

Elizabeth no tardó en aprender que la solicitud típica (treinta o sesenta minutos del tiempo de una persona) solía ser rechazada. Los ejecutivos ocupados no van a abrir su agenda para alguien con quien no tienen una conexión real. En lugar de eso, ella les ambientaba el contexto, diciéndoles que la oficina del director ejecutivo le había recomendado contactarlos y que había leído en internet acerca de ellos.

Elizabeth dice: "si ha escrito un libro, léelo, porque nadie les escribe a esas personas para decirles: 'leí su libro'". Luego diles, "me impresionó XYZ, y me gustaría hacerle algunas preguntas sobre cómo alcanzó tanto éxito. ¿Es posible programar una llamada de diez minutos?

O, si está libre, me encantaría invitarlo a almorzar". La mayoría de las personas optarán por la llamada telefónica, algo que parece fácil en comparación con el almuerzo y en ese punto ya tendrá una cita programada.

Otro punto crucial es el tiempo. Los horarios de la mayoría de profesionales tienen muchos compromisos organizados en un margen de varias semanas hacia el futuro, así que Elizabeth descubrió que si pides un espacio en la agenda para "la próxima semana o dentro de dos semanas" es muy probable que te rechacen. Mientras que si pides un espacio "en algún momento de este año", no parecerá urgente y, aunque estén de acuerdo, puede resultar en una eventual cancelación. Elizabeth sugiere que el mejor marco de tiempo para estas solicitudes puede ser "este mes o el siguiente", porque es probable que todavía haya espacios disponibles sin programar.

Elizabeth tuvo que perseverar bastante en medio de cancelaciones o rechazos. "Alguien me dijo que debía conversar con alguien en un cargo más abajo, así que dije, 'me gustaría la opinión de la persona más exitosa en el departamento, y ese es usted'". Esa frase le abrió la puerta. Otra persona, en el desarrollo de bienes raíces, le gritó y dijo: "¡no tengo tiempo para hablar con un m#*$@&) estudiante, estoy hasta el cuello con casos judiciales!" y le colgó.

Elizabeth dice: "para mí ese es un buen dato. Obtuve la misma información que habría obtenido en una entrevista de diez minutos". Otro ejecutivo literalmente le canceló seis veces ("había un campeonato de salto con garrocha, los niños estaban enfermos, estaba viajando"), recuerda Elizabeth, pero ella volvía a llamar. "Hasta que me dijeron un 'no, nunca vuelva a llamarme', eso hace parte del juego", dice ella. Tiempo después se conocieron.

Por último, aprendió que debes estar dispuesto a decirle sí a la oportunidad. Buscando la lista Forbes 500, leyó sobre un magnate de bienes raíces que vivía en su ciudad. Ella llamó después de las 5:30 p.m. (horas después del horario de la secretaria), él recibió la llamada "y extrañamente, aceptó la invitación a almorzar", recuerda ella. Ella estaba emocionada con la oportunidad, pero tan pronto terminó la llamada, entró en pánico. "Le dije, 'elija su lugar favorito', pero luego pensé, ¿dónde almuerzan los billonarios? ¿Y si el almuerzo cuesta $1.000 dólares?". A pesar de los riesgos, ella decidió seguir adelante. "Lo pondré en mi tarjeta de crédito", pensó, "y si es más de lo que vale mi renta, encontraré la manera de pagarlo". El magnate la llevó a una tienda de comestibles (su favorita) y el almuerzo costó $17 dólares. Él pasó unos noventa minutos increíbles con ella y "esbozó con precisión lo que él era como persona".

Las entrevistas informativas de Elizabeth le dieron perspectivas que siguen resonando en su nueva profesión dirigiendo una nueva empresa de juegos en línea basada en investigaciones de última generación acerca del cerebro. "Terminas con todas estas lecciones al azar que son importantes, así el campo de trabajo de esa persona no termine siendo relevante para ti", dice ella.

RECUERDA:

» Si no estás seguro de tu destino futuro, quizás necesitas algo de tiempo libre primero. Puede ser difícil pensar de manera creativa si estás cansado.

» Comienza investigando tras bambalinas tu trabajo o industria potencial antes de contactar a personas reales. Hazte versado en los principales blogs y lee libros populares con los que las personas de ese campo estén familiarizadas. Debes estar listo para conocerlas y tener una conversación sofisticada a cerca de la industria.

» Cuando hayas organizado una reunión con alguien, investiga acerca de esa persona en internet. Revisa LinkedIn para que sepas si tienen conexiones en común (más allá de la persona que los presentó) e identifica otros aspectos en común que valga la pena comentar (en una ocasión trabajaron en la misma compañía o esa persona está en la junta directiva de una obra de caridad que tú apoyas).

» Llega a tiempo para tu entrevista informativa. Si llegas tarde, no solo has desperdiciado el tiempo de esa persona, sino que también te has perdido la oportunidad de pagar por su café o su comida, un doble paso en falso.

» Pon un recordatorio en tu calendario para tener un seguimiento con las personas con quienes te reúnes: primero, para agradecerles, hazlo poco después de la reunión; luego, una o dos semanas después, para ofrecerles algo que les pueda ser útil (como enviar un artículo que crees les gustaría y cosas similares); y luego, de cuatro a seis semanas después, para darles una actualización sobre tu investigación e informar cómo estás haciendo uso de sus consejos.

CAPÍTULO 4

Pon a prueba tu camino

A estas alturas, ya has investigado a fondo tu camino, tras bambalinas y mediante entrevistas informativas. Probablemente tienes una idea mucho más clara de las áreas que te interesan (la consultoría y el capital de riesgo suenan fascinantes), y cuáles son las potenciales dificultades que podrían ocultarse (estoy interesado en ascender a vicepresidente ejecutivo, ¿pero podré vivir con las exigencias de viaje?). Este es el momento para tu experiencia de inmersión.

Mientras no lo pruebes, no podrás saber si de verdad quieres un cambio de dirección en tu carrera. Para evitar costosos errores y desperdicio de energía, puedes experimentar por un corto tiempo. En este capítulo, leerás sobre profesionales que pusieron en marcha sus reinvenciones profesionales con diferentes técnicas de exploración, incluyendo:

- Prácticas

- Voluntariado

- Observación de trabajo

- Además, cubriremos:

¿Cuánto tiempo y dinero puedes emplear?

- Soñar en grande
- El camino no siempre es lineal

Prácticas

Cuando Joanne Chang se graduó de Harvard en 1991, prácticamente llegó arrastrada a su primer empleo. Habiendo estudiado matemáticas y economía, "al parecer, el paso natural era ingresar a la banca de inversión o a la consultoría gerencial. De hecho, esas eran las únicas dos opciones que ofrecían Servicios de Carreras Profesionales. Eran presentaciones impresionantes en el campus", recuerda ella. "Todo el mundo asistía y se inscribía para entrevistas; todos intentaban entrar". Cuando una destacada empresa de consultoría le ofreció un empleo, ella lo tomó.

Sin embargo, dos años después, habiendo invertido mucho de este tiempo movilizándose para asesorar compañías que iban desde empresas de seguros hasta telecomunicaciones, supo que esa no era su vocación. "No tuve una sensación inmediata de logro", dice ella. "Hice parte de proyectos grandes y había mucho trabajo por hacer. Yo pensaba, 'esto no ayuda al cliente'". A ella siempre le había interesado la cocina (en Harvard era reconocida como "la chica de las galletitas de chocolate") así que decidió darle una oportunidad. "Envié un montón de cartas a chefs de la ciudad que no conocía, pero que tenían buena reputación", relata. "Les decía, 'no tengo entrenamiento formal, pero me encanta cocinar, estoy interesada en entrar al mundo de los restaurantes y aceptaría cualquier cargo'".

Impresionada con su osadía, intrigada por su currículum y con un empleado menos, gracias a alguien que había renunciado, la poderosa chef de Boston, Lydia Shire, llamó a Chang al día siguiente y la invitó a una entrevista. Ella obtuvo el empleo y empezó a ser una "asistente de cocina de poca monta", orientada por una sous-chef que "me entrenó, me mostró recetas y lo que tenía que hacer: cómo montar la estación, cómo debían verse los platos". Después de tres meses, ella ascendió en la jerarquía a cocinera general.

La transición no siempre fue fácil. "Era trabajo duro, sucio", dice ella. "Puede ser trivial y hay mucho estrés". Pero no tardó en darse cuenta de que la industria de la comida era donde quería estar: "Recuerdo muy bien que le dije a uno de mis amigos consultores lo emocionante que era estar rodeada de gente apasionada por su trabajo. Cuando cocinas, no estás haciendo dinero, así que cuando lo haces, es gente que está ahí porque le encanta cocinar". A diferencia de las hojas de cálculo que creaba como consultora, su trabajo en la cocina tenía un impacto directo: "Haces una terrina, la rebanas, la pones sobre un plato, el camarero regresa y te dice que les encantó la terrina. Era una gratificación inmediata que no había tenido hasta ese punto en mi carrera".

Hoy, Chang es la empresaria detrás de Flour, una cadena de tres exitosas pastelerías en Boston, y la copropietaria (con su esposo Christopher Myers) del lujoso restaurante asiático Myers+Chang. Ahora está del otro lado de la ecuación, contratando (como Lydia Shire en su momento) a personas de todas las edades que quieran incursionar en la industria de los restaurantes y está más convencida que nunca de que las prácticas son esenciales. Ella dice:

Hay conceptos erróneos acerca de cómo es hacer parte del sector alimenticio. Muchas personas quieren reinventarse en esta industria sin tener un entendimiento real de cómo es, por lo que han visto en Food TV o por sus experiencias en restaurantes o pastelerías. Pero si vas a hacer un cambio drástico en tu vida, tienes que dedicar tiempo a trabajar en el sector antes de dar el salto, seguro has escuchado cosas como "yo era médico, pero me encanta cocinar, así que ahora voy a ser un chef".

Muchas personas que han venido a trabajar con nosotros con la intención de cambiar de carrera, después de un año o dos, dicen 'vaya, esto en realidad no es lo que quiero hacer'. Es un negocio, y la gente debe reconocerlo. Me parece peligroso tomar un pasatiempo y volverlo una carrera, porque no siempre es divertido. Ya no es tu casa donde puedes equivocarte con un pastel y aun así a los demás les va a gustar, porque fuiste tú quien les hizo un pastel. Aquí, las personas pagan, y yo no las conozco, así que no van a darnos el beneficio de la duda.

Voluntariado para adquirir experiencia

Al momento de su transición de carrera, Joanne era joven y soltera, y estaba dispuesta a tomar un empleo de baja remuneración para adquirir nuevas habilidades. Es un muy buen camino si puedes costearlo. Pero incluso si no puedes, hacer voluntariado en las noches y los fines de semana ofrece la oportunidad para que cualquier profesional desarrolle habilidades y se forme una idea sobre las nuevas posibilidades que tiene.

Rebecca Zucker, entrenadora ejecutiva localizada en San Francisco, al hablar sobre el trabajo como voluntaria dice: "Te permite contactarte con un grupo nuevo de personas en tu zona de influencia, te ayuda a refrescar tus habilidades o a construir nuevas, es algo que puedes poner en tu currículum y muestra tu compromiso frente a un nuevo camino". Ella recuerda a un cliente que quería explorar tecnologías limpias, una industria popular en Silicon Valley en la que no era fácil incursionar sin experiencia previa. "Él hizo voluntariado para hacer investigación para una firma de capital privado en cierto nicho de la industria de tecnologías limpias", relata ella. "No solo aprendió muchísimo y alimentó su currículum, sino que ello fue determinante para que pudiera obtener un trabajo en la industria".

Hacer voluntariado puede ser beneficioso, incluso en tu propia compañía, porque te da la oportunidad de conocer nuevas personas y de expandir la percepción que tienen de ti. Alisa Cohn, entrenadora ejecutiva localizada en New York, sugiere participar en comités que te permitirán ampliar tus contactos y construir conexiones con personas en distintos departamentos: "Podrías hacer voluntariado en el comité de diversidad o en el picnic corporativo. Puedes hacer voluntariado para cualquier función de prensa o comité global. Puede parecer ingrato, pero lo que estás obteniendo es una red más amplia y la experiencia de hacer algo distinto. En especial, es bueno si sientes que has estado encerrado o encasillado. Si estás en los campos de la ingeniería o las finanzas y quieres obtener más experiencia en mercadeo o planeación estratégica para expandir tus habilidades, no pueden detenerte, porque estás haciendo voluntariado".

Participar en una junta

Una de las mejores maneras en las que un profesional puede ampliar sus currículos es haciendo parte de juntas de organizaciones sin fines de lucro. Esa fue sin duda la experiencia de Karin Turer. Al hacer parte del personal de nivel básico en una organización para personas sin hogar, nunca se le habría ocurrido participar en la junta directiva de otra organización sin ánimo de lucro, hasta que un amigo le mencionó una vacante en MassBike, el grupo estatal de promoción de ciclismo. "Mi amigo me dijo, 'Tú usas bicicleta todo el tiempo, deberías participar en esto' y me pareció una idea genial", dijo Karin. "Yo lo vi como un deber cívico, que, si iba a usar mucho la bicicleta, debía involucrarme para mejorar las condiciones".

Al principio, hacer parte de la junta parecía solo una manera divertida de poner en práctica su pasión. Había estado en un evento para ciclistas en Maine y pensó que MassBike debía replicarlo para captar fondos. Cuando la junta lo aprobó, ella estuvo encantada. "Seguí adelante asumiendo que habría muchas otras personas apoyándonos con el evento", recuerda. Pero la verdad acerca de las organizaciones pequeñas, con escasez de personal fue impactándola lentamente. "Resulté ser solo yo". Con su reputación (y la de la organización) en juego, comenzó a trabajar a toda marcha, para asegurar el éxito del evento. "Fue una locura total", dice. "Creé y dirigí todos los aspectos. Diseñamos y planeamos diez rutas, pedimos patrocinios, hicimos la publicidad, nos comunicamos con la policía y funcionarios de la alcaldía para obtener los permisos, e hicimos reclutamiento y gestión de voluntarios".

El evento que Karin diseñó, mejor conocido como la "Carrera de las tortas", consistía en una competencia cronometrada que medía la habilidad de los ciclistas para montar sus bicicletas y al mismo tiempo devorar porciones de pastel, y se convirtió en un éxito de recaudación de fondos para MassBike, teniendo triunfo consecutivo por cinco años, atrayendo hasta 350 participantes por año. (En una de mis iteraciones de carrera, serví como directora ejecutiva de Mass-Bike por dos años y pude observar el trabajo de Karin de cerca). El Festival de bicicletas, que recaudó decenas de miles de dólares, sirvió como aporte de trabajo a la junta de parte de Karin, lo cual hizo que los demás miembros donaran dinero o recaudaran fondos. El evento tuvo un gran impacto en los resultados operativos de MassBike, pero tuvo uno aún mayor en la vida profesional de Karin.

En gran parte, gracias a su trabajo en el Festival de bicicletas, Karin se dio cuenta de que le gustaba planear eventos y recaudar fondos.

Por su experiencia en la junta, fue contratada para un empleo de desarrollo en una universidad local y ahora, años después, tiene su propia firma de recaudación de fondos y consultoría de eventos. Sin su servicio en la junta, dice ella, nada de esto habría sido posible.

"Cuando tienes un trabajo normal, tienes que colorear por dentro de las líneas", dice ella. "Hay una idea general de cómo vas a hacer tu trabajo y las personas tienen ciertas expectativas. Pero lo liberador de estar en una junta es que, si tienes una idea, a menos que por alguna razón sea horrible, te dirán 'excelente, adelante'. Puedes intentar cosas que no haces en tu trabajo regular. Tienes más libertad de probar algo arriesgado, o cosas que podrían no funcionar. Y puedes llevar a tu trabajo esas nuevas habilidades. Siempre sentí que tener cosas de la junta bajo mi manga era un valor agregado a lo que estuviera haciendo de lunes a viernes.

Iniciando la ruta de campaña

Hacer voluntariado y prácticas no solo son herramientas útiles para profesionales jóvenes. Deborah Shah obtuvo su MBA a finales de los años 70 y pasó tres décadas desarrollando una exitosa y lucrativa carrera corporativa. Hace unos años, se dio cuenta de que "no tenía que trabajar". Pero tampoco quería jubilarse. ¿Qué debía hacer con su vida?

Viajó a Ruanda, Haití y Camboya para explorar su interés en microfinanzas, pero nada le llamó la atención. Sin embargo, todo cambió cuando escuchó hablar a un candidato a gobernador y sintió una conexión. Siempre había disfrutado de la política, pero solo como observadora: "Yo solía ver los programas matutinos y leía el periódico en la mañana. Sabía qué estaba pasando en el mundo, pero no desde adentro".

Decidió involucrarse y se presentó a la sede principal de la campaña, donde le dieron el trabajo más básico: hacer llamadas a los votantes. Ganó respeto y mayor responsabilidad porque "Yo era la recaudadora que venía todos los días". Con el tiempo, la campaña le pidió que organizara un distrito para el senado, luego otro y al final se convirtió en directora regional de campo. Trabajó en la campaña por once meses, sin pago, pero en el proceso descubrió una pasión: "Me interesaba persuadir a las personas a que votaran. Me gustó mucho hacer campaña electoral".

Cuando la campaña finalizó, ella supo algo más: se había creado una reputación. Un representante del estado que había conocido en el camino estaba por comenzar su campaña para unas elecciones especiales y quería que ella dirigiera su campaña. Cuando ella lo ayudó a ganar, muchos otros comenzaron a llamarla. En los últimos cinco años, ella ha presidido candidaturas para gobernador, senador estatal y consejero municipal, además de una campaña para el Senado de los Estados Unidos. "Las personas tienen diferentes fases en sus vidas", dice Deborah. "El trabajo que hice por treinta años fue supremamente significativo y satisfactorio, y este también lo es".

Observación de trabajo

Las prácticas y el voluntariado son maneras importantes y a corto plazo de aprender sobre intereses y probar nuevos campos. Con todo, es posible que ni siquiera necesites ese nivel de compromiso. Ocasionalmente, solo necesitas un día. Un entrenador recuerda a una clienta, diseñadora web, a quien "le gustaba diseñar, pero no soportaba pasar cinco días a la semana frente a la computadora". Al buscar una carrera profesional creativa que tuviera más interacción con personas, se interesó en el diseño floral y empezó a leer bastante sobre el tema. Hizo diez entrevistas informativas en el campo y, convencida de que era el camino correcto para ella, accedió a la sugerencia de su entrenador y observó a alguien durante un día.

"Al final de la mañana", recuerda el entrenador, "tenía tres preguntas: ¿El salón siempre está así de frío? ¿El piso siempre es de cemento? Y, ¿siempre estás de pie? Y el chico dijo, 'el salón siempre está frío porque debemos mantener frescas las flores, el piso es de cemento porque estoy arrojando flores húmedas sobre él y siempre estoy de pie porque nos estamos moviendo y entregando flores'. Y eso fue todo".

Para quienes sus trabajos soñados no están cerca, está Vocations-Vacations, una compañía fundada en 2003 que permite a los participantes hacer una prueba de más de 125 carreras nuevas. Digamos que quieres ser un ranchero de alpacas. Si así es, pero no nunca has ido en persona a un lugar como ese, puedes pagar $849 dólares e ir a Oregon para una pasantía de dos días con un mentor real. Si prefirieras convertirte en capitán de una goleta, desembolsa $1.000 dólares y (durante la temporada de vela de junio a septiembre) puedes unirte a tu mentor por un entrenamiento personalizado por las costas de Rockport, Maine.

Si quieres algún tipo de salto profesional o si es a algo menos esotérico, como convertirte en un escritor independiente, debes "cumplir con tus deberes personales y profesionales", dice el fundador de la compañía, Brian Kurth. "Se trata de hacer la tarea y de responder preguntas que no sabías que debías hacer", dice. "Una pregunta que siempre aconsejo a mis clientes que hagan a sus mentores es '¿Qué sabes ahora que no sabías cuando lanzaste tu negocio?' La meta es que los clientes no cometan los mismos errores, que despeguen más rápido, con más agilidad".

Para los clientes que no pueden tomar tiempo libre o que no están listos para invertir unos cuantos miles de dólares en su aventura, la compañía de Kurth ofrece sesiones de orientación telefónica y por Skype a un menor costo. A veces, el mejor beneficio de Vocation-Vacations es tan solo la habilidad de dar confianza a otros. Kurth recuerda a un cliente reciente que era "un fotógrafo muy activo, con muchas habilidades, de hecho, era instructor de fotografía". No necesitaba aprender ninguna técnica con su cámara, pero necesitaba convencer a su esposa de que no desperdiciaría sus ahorros si se dedicaba a la fotografía de tiempo completo. "Su esposa dijo: 'Es genial si quieres empezar tu propia firma de fotografía'", recuerda Kurth. "'Y no es que no confíe en ti, pero quiero que entiendas mejor el aspecto empresarial'. Así que tomó Vocation Vacations con él". Mientras te reinventas a ti mismo profesionalmente, a veces lo más importante es tener a tu equipo apoyándote.

Intenta esto

- Haz una lista de compañías o individuos para los que te gustaría trabajar. Ahora ve a LinkedIn y mira a quién conoces que trabaje allí o que pueda presentarte con alguien.

- Crea una lista de habilidades que puedas ofrecer. Incluye un rango, desde cosas que cualquiera podría hacer (hacer llamadas a votantes, enviar cartas por correo) hasta tus talentos únicos (redactar cartas de recaudación de fondos, hacer programación para crear una nueva app).

- Piensa cómo esta oportunidad puede ser la mejor opción para tu vida. ¿Puedes tomarte un tiempo para una pasantía coordinada? ¿Podrías hacerte a una idea de lo que necesitas saber en solo un día o en unos pocos? ¿O puedes mantener tu vida profesional estable y construir nuevas habilidades de manera progresiva, uniéndote a una junta?

- Ponlo en tu calendario. En el próximo mes, comunícate con tus compañías objetivo, lo ideal es que sea por medio de un contacto, pero también puedes hacer llamadas en frío. Presenta tu propuesta sobre cómo puedes ayudar.

¿Cuánto tiempo y dinero puedes gastar?

Si tienes muchos intereses, puede ser difícil que sepas dónde empezar a buscar tu propio camino incluso para probar oportunidades. Primero, pregúntate cuánto tiempo estás dispuesto a comprometerte y cuánto tiempo necesitas para saber si este camino es para ti. Mi amigo Robbie decidió tomarse libres por varios meses los viernes de cada semana en su trabajo de recaudación de fondos para disponer de tiempo para expandir su firma de consultoría. Era una estrategia de bajo riesgo, que le permitía evaluar la demanda y obtener una posición establecida.

Sin embargo, si quieres convertirte en un ranchero de alpacas y en este momento vives en una metrópolis, tus viernes libres no van a ayudar mucho. Pasar tiempo en el campo o, si tus finanzas te lo permiten, un viaje con VocationVacations, puede darte suficiente visión para ver si quieres desarrollarlo más a fondo. En general, unos cuantos días son suficientes para eliminar posibilidades, pero no para establecer el curso de una vida. Entonces, si te enamoras de las alpacas en tu primera cita, asegúrate de tomarte un par de semanas de vacaciones en una granja o incluso programar unos meses sabáticos antes de comprar un rebaño.

Soñando en grande

Cuando estás determinando cuál es el mejor lugar para obtener tu experiencia profesional, no dejes que tus contactos dicten tu futuro. Si puedes encontrar algo interesante, eso es excelente. Pero si no, no dudes en soñar en grande y buscar tus propias oportunidades. Eso fue lo que Joanne Chang hizo cuando escribió cartas no solicitadas a sus ídolos culinarios (tal vez intrigados por su inusual experiencia, cada uno de ellos terminó por dar respuesta a su carta). Como muchas personas se limitan a sí mismas, la realidad es que, por lo general, no hay mucha competencia en la cima. Si hay un alto ejecutivo en tu compañía al que realmente admiras, contáctale y mira si estará dispuesto a que lo observes por un día. A menos que le estés escribiendo al presidente mundial, probablemente no haya mucha demanda, y él o ella se sentirá complacido.

Este impulso te llevará a todos lados. Hace un par de años, conocí a Kevin Roose, quien era todavía un estudiante universitario, pero que ya había publicado un libro (*The Unlikely Disciple (El discípulo diferente)* acerca de su tiempo "encubierto" en la Universidad Liberty, aprendiendo las costumbres de los evangélicos). Kevin, quien se convirtió en reportero del *New York Times*, había encontrado su gran oportunidad al hacer una pasantía con A.J. Jacobs, un editor de la revista *Esquire*. ¿Y cómo se ganó este cargo tan codiciado?

A.J. relata la historia en su libro *The Year of Living Biblically (El año de vida bíblica)*, (su propio experimento religioso, en el que trató de seguir la Biblia literalmente): "Día 237. Recibí un correo electrónico inesperado el día de hoy. Llegó a mi bandeja de entrada a la 1:07 p.m., de un chico llamado Kevin Roose. 'Permítame presentarme. Soy un nativo de Ohio, tengo dieciocho años y estoy a la mitad de mi primer año en Brown'. Kevin empezó a explicar que iba a estar trabajando en un café en Nueva York ese semestre, pero quería ser escritor, y se dio cuenta de que yo había estudiado en Brown y preguntó si yo estaría dispuesto a tomarlo como mi pasante personal de medio tiempo".

El resto, sin duda, es historia. Como lo prueba la experiencia de Kevin, la mayoría de las veces es más fácil crear tus propias oportunidades. Probablemente, A.J. Jacobs se habría inundado con hojas de vida si hubiera publicado un anuncio de pasantía con Brown Career Services, pero Kevin, pidiendo lo que quería de una manera estratégica y poco común, pudo superar a las masas.

El camino no siempre es lineal

Por último, es posible que debas ajustar a tu crítico interior. A veces, encontrar el camino profesional adecuado puede significar pagar por entrenamiento costoso, como la carrera de Leyes de Karen Landolt, y a veces significa perder la seguridad. Joanne Chang recuerda la reacción de sus padres cuando ella abandonó la consultoría de gestión: "Hoy en día, hay una visión glamorosa de la industria de alimentos. Pero en 1993, si había un canal de comida (Food Network), nadie lo veía. Ellos me dijeron: "Estás abandonando una carrera estable, segura, lucrativa, que va a cuidar de ti. Viene con seguro médico, vacaciones, un plan de jubilación 401(k), taxis que te llevan a casa si trabajas hasta tarde. Y en restaurantes no hay seguro médico, te pagan por hora y, cuando te vas, no hay taxi que te lleve a casa. ¿Estás segura de que quieres hacer esto?".

Y luego, estaba la pregunta del prestigio. "La gente decía, '¿en serio? ¿Eso es lo que vas a hacer?'", recuerda Chang. "En esencia, eso es un trabajo de obrero, y yo venía de un trasfondo donde casi todos, si no todos mis colegas, estaban haciendo trabajos de oficina. No es que las personas lo consideraran un paso atrás, pero no tiene un camino claro".

Obtener lo mejor de tu experiencia significa adentrarte con una mente abierta y un sentido de posibilidad. A veces aprenderás más al aplicar tu entrenamiento (un ejecutivo puede hacer un análisis de operaciones para su organización sin ánimo de lucro favorita), pero otras veces la mejor experiencia puede implicar comenzar desde abajo. "Nunca me ha preocupado lo que estoy haciendo, siempre y cuando me sienta útil", dice Deborah Shah. "Hace años, iba con mi hija, cuidábamos de 'Adopta una mascota' y limpiábamos jaulas".

"¿A quién le importa? Estás tratando de ayudar". Ella le da crédito a su experiencia como emprendedora. "Siempre he sido una persona que está dispuesta a hacer lo que haya que hacer", dice. "Cuando diriges tu propia compañía, eres un todoterreno, reservas tus propios viajes. No soy una esnob cuando se trata de trabajo y, si el próximo paso es que todos vamos a doblar cartas y a meterlas en sobres, ¡tienes que hacerlo!".

Mi mamá tuvo una visión similar cuando decidió, a sus sesenta y tantos años, convertirse en peluquera, a pesar de tener un PH.D. y una exitosa carrera como consejera. "De hecho, era divertido decirle a la gente que iba a la escuela de peluquería", decía. "Me preguntaban, '¿por qué estás haciendo eso?', y la pregunta daba pie a una conversación genial. Nunca me sentí avergonzada, tenía la educación, y era una manera de conectarme con las personas". Ahora, ella corta el cabello de la mayoría de sus amigos y el mío también.

El secreto está en darte cuenta de que a veces el camino no es lineal. La banquera de inversiones que hizo el cambio hacia el sector de energías eficientes, Susan Leeds, dice que debes "aceptar el hecho de que a veces hay que dar un paso atrás para poder dar tres o cuatro pasos hacia adelante. Sería incorrecto si dijera que hice un cambio lateral: Retrocedí. Pero gracias al beneficio proporcionado por mis años de experiencia profesional en un sector competitivo, aunque haya dado un paso atrás, fue posible moverme hacia adelante con rapidez y dar un salto hacia adelante.

RECUERDA:

» Empieza por evaluar cuánto tiempo puedes dedicar a probar tu camino y si necesitarás dinero mientras lo haces. Esto te ayudará a determinar:

» El camino correcto a seguir. Si solo necesitas un salario mínimo, puedes hacer pasantías de tiempo completo, como hizo Joanne. Si necesitas continuar con tu empleo actual, considera otras maneras de construir tus habilidades, como unirte a una junta o hacer voluntariado los fines de semana.

» Hacer observación puede ser una manera muy poderosa de ver cómo es la vida profesional de alguien. La mayoría de los líderes, a menos que estén en el nivel directivo, por lo general no están inundados de solicitudes. Si desarrollas una solicitud bien pensada, que explique por qué te gustaría aprender de ellos en particular, puede que digan que sí.

» Tenlo claro, cuando tomas una pasantía o una asignación como voluntario, debes estar dispuesto a trabajar duro. Nadie quiere arriesgarse con alguien que cree que es demasiado bueno para el trabajo sucio.

» Las mejores oportunidades de voluntariado y pasantías no son publicitadas, así que identifica tus propios objetivos y abórdalos.

» El camino no siempre es lineal. No te desalientes si debes dar un paso atrás temporalmente, en términos de salario o prestigio, para poder prepararte para tu próximo salto profesional.

CAPÍTULO 5

Desarrolla las habilidades que necesitas

Ser aprendiz, servir como voluntario y seguir de cerca un oficio son todas maneras excelentes de sumergirte al investigar nuevas maneras de avanzar o cambiar tu carrera. Sin embargo, hay otra estrategia crucial: aprovechar tu empleo actual para cultivar las habilidades que necesitas para el futuro. En algunos casos, eso significa expandir las fronteras de tu empleo actual para que abarque tus nuevos desafíos. En otros, se trata de dar una base segura que te permita explorar nuevos puestos de avanzada de manera segura. En este capítulo, aprenderás acerca de:

- Asegurar que tu trabajo crece contigo
- Trabajo adicional estratégico
- Cuándo volver a estudiar
- Cuándo no volver a estudiar
- Estrategias claras para desarrollar tus habilidades

Asegura que tu trabajo crece contigo

Durante casi veinte años, Richard trabajó como reportero de gran alcance, primero cubriendo la industria petrolera, luego la desregulación de la electricidad y después los bienes del gobierno. Con un título universitario en economía, prosperó en medio de los ajustados plazos y un tema que pocos conocían: "El tipo de reportería que hago se basa en estadísticas", dice él. "Ha hecho una gran diferencia el que yo entienda las minucias de las relaciones del mercado y cómo operan".

Después de tanto tiempo en las trincheras, Richard sintió que esa posición, que en otro momento había sido codiciada, se estaba volviendo agotadora. Y es por eso que, para sorpresa de Richard, su satisfacción en el trabajo y éxito profesional florecieron cuando tomó otra asignación tres años atrás. "La compañía decidió que quería una cobertura de estilo de vida", relata él. "Iban a hacer algo sobre alimentos y vinos, y yo dije, '¿puedo comenzar a escribir?'".

Richard no está interesado en hacer seguimiento a ingredientes que están en tendencia o chefs que son celebridades. Siendo un experimentado reportero de negocios, lo que a él le interesa es "la perspectiva económica y sociológica" detrás de las obsesiones culinarias de Estados Unidos. Sus ojos se iluminan cuando habla sobre una de sus partes favoritas, una mirada tras bambalinas al "centro de control" de un importante festival de alimentos donde, durante casi setenta horas consecutivas, los propietarios de restaurantes sirven casi medio millón de platos gourmet.

Todavía dedica casi el 85% de su tiempo haciendo reportajes sobre bienes gubernamentales, pero su inspiración son las coberturas de temas culinarios. "Todos los reporteros veteranos están buscando cómo estimularse escribiendo fuera de su entorno", dice él, y está convencido de que eso lo hace un mejor escritor. Al hacer cubrimientos de bienes, "tengo que ser muy analítico, debo digerir información muy rápido y hay un rápido volumen de historias. Pero con una historia sobre alimentos y vinos, puedo tomarme mi tiempo para pensar en el lenguaje que voy a usar. El estilo es muy diferente y eso me hace sentir que estoy usando todas las partes de mi cerebro si puedo usar ambos hemisferios".

Su nuevo ritmo también le ha dado una inesperada ventaja en la cobertura de valores. "A mis fuentes del mundo de los negocios les gusta hablar conmigo porque saben que soy diferente a otros reporteros", dice. "Eso me da una 'entrada'. Dicen cosas como: 'un cliente va a venir a la ciudad, ¿qué me recomiendas?' Tener atenciones con personas de afuera es algo muy importante, y debo tener algún grado de autoridad, así que eso los hace sentir más seguros".

Richard no desea dedicar todo su tiempo a escribir sobre alimentos. Sus jefes lo animan, dice él, pero le advierten: "recuerda cuál es tu verdadero trabajo". Y eso está bien con él, porque ha encontrado la manera de mezclar sus intereses y crear un empleo satisfactorio. Al despedirnos después de una entrevista en la mañana, le pregunté en qué estaba trabajando ese día. "Dos historias" dijo Richard. "Una es sobre si la economía de Europa va a estallar y la otra es sobre cómo hacer asados de bajo presupuesto".

Trabajo adicional estratégico

Richard encontró una forma satisfactoria de extender el alcance de su trabajo regular, dándole un gusto de variedad y la posibilidad de desarrollar nuevas habilidades de escritura. Patricia Fripp, quien ahora es una oradora profesional bien reconocida, siguió un camino un tanto diferente cuando se mudó a San Francisco desde su nativa Inglaterra en los años 70 "para encontrar fama y fortuna". Entrenada como estilista, Fripp no tardó en descubrir que tenía habilidades especiales y, poco a poco y de manera estratégica, las aprovechó para una nueva profesión.

Su habilidad principal era el implacable ajetreo. "En aquellos días, se vendía el concepto de tener tu cabello bien estilizado", recuerda ella. "Era más caro que ir a la barbería, así que no solo vendía la idea de 'soy la mejor estilista', sino que vendía la idea de que deberías pagar tres veces más por tu corte de cabello, y logré que mi idea fuera aceptada". Ella persuadía a sus clientes para que le enviaran referidos y, cuando el negocio iba lento, los llamaba: "John, han pasado seis semanas desde tu último corte de cabello, no te vas a ver bien". Ella visitaba los sitios de reunión de los ejecutivos después de las horas de oficina, coqueteaba y pasaba tarjetas de negocios. En lugar de tomar una hora para almorzar, incluía clientes adicionales que solo tenían tiempo para ir durante su hora de almuerzo.

En corto plazo, logró desarrollar una clientela de poderosos profesionales de área de la bahía que trabajaban en compañías grandes tales como Levi Strauss y Wells Fargo y, tiempo después, lanzó su propio salón de belleza. Ella hacía buen uso del tiempo que pasaba con ellos. "Cuando alguien estaba sentado en mi silla, si era alguien que trabajaba con relaciones públicas, le decía: 'si tuvieses un pequeño salón de belleza, ¿cómo lo promoverías?' O preguntaba, '¿qué te llevó a ser el mejor vendedor de tu compañía?, ¿qué hiciste en tu empresa para que una gran compañía quisiera comprarla? A otros estilistas les decía: '¿por qué hablan de tonterías cuando tienen a las personas más interesantes sentadas en sus sillas?' Aprovechen la oportunidad de tener personas interesantes frente a ustedes y que saben más respecto a ciertas áreas".

Su segunda habilidad fue su fácil capacidad de hablar en público. Patricia había comenzado a hacer demostraciones de productos para el cabello. Cuando sus clientes ejecutivos descubrieron su negocio complementario, "dijeron, 'ven a dar una charla en mi club Rotario' o 'tengo una reunión con el personal, ¿quieres dar una charla sobre servicio al cliente?'". Con el paso del tiempo, a medida que sus referidos fueron aumentando, sus charlas gratuitas pasaron a ser pagas. Tenía treinta y dos años de edad cuando entendió que quizás le gustaría seguir adelante con una carrera como oradora, pero también llevaba apenas dos años pagando un préstamo por su salón: "Tuve la suficiente inteligencia para entender que llegar a ser una oradora profesional es una meta a largo plazo, no solo debes renunciar a tu trabajo. Tu planeas tu divorcio, no simplemente te vas y ya".

Así que se tomó su tiempo y reinvirtió sus utilidades: "Fui una de las primeras personas en el negocio de la oratoria en público que tenía excelentes paquetes de prensa y videos de demostración, porque podía reinvertir en el negocio todo el dinero que ganaba con mis charlas, porque tenía otro negocio que me respaldaba". Tampoco reparó en gastos para perfeccionar su arte, contratando entrenadores de oratoria y tomando clases de comedia y escritura de guiones a fin de pulir sus habilidades como relatora. Incluso contrató a un coreógrafo para que evaluara sus movimientos físicos y el uso del escenario. (Patricia recuerda: "él dijo, 'el ancho lo usas bien, pero ahora debes usar la profundidad' y eso hizo que valiera la pena pagarle").

En 1984, poco más de una década después de haber dado sus primeras charlas pagadas, Patricia vendió su negocio de cuidado del cabello y se convirtió en una oradora de tiempo completo. "En ese punto, había construido mi carrera como conferencista y había reemplazado y superado mis ingresos del salón", dice ella. "Ese es el punto donde debes concentrar el 100% de tu atención en lo que estás haciendo. Quería concentrarme en la siguiente área".

Patricia aprovechó su primera carrera como estilista de muchas maneras cruciales. En principio, hizo conexiones con ejecutivos corporativos claves que primero fueron sus clientes para el cuidado del cabello y luego para sus charlas. En segundo lugar, pulió sus habilidades de comunicación, primero hablando a públicos pequeños acerca de productos para el cabello y luego pasando a temas de negocios. Y, por último, hizo una reinversión estratégica de sus utilidades en el salón, con lo cual pudo construir una sólida carrera como oradora antes de entrar a hacerlo de tiempo completo.

Cuándo volver a estudiar

Richard convenció a sus jefes de extender su alcance hacia el área de comidas y vinos. Patricia desarrolló su trabajo regular mientras desarrollaba estratégicamente sus habilidades. Pero, ¿qué si las destrezas que necesitas no se pueden obtener realizando un trabajo adicional o asumiendo nuevas responsabilidades laborales? Puede ser hora de volver a estudiar para obtener entrenamiento adicional.

Heather Rothenberg sabía que quería cambiar al mundo. Con estudios en psicología, como uno de sus primeros empleos al salir de la universidad, ella dirigió una pequeña entidad sin fines de lucro ayudando a revitalizar un vecindario con bajas condiciones económicas. "Me fascinó el vínculo entre el transporte y las personas", dice ella, y decidió que quería convertirse en una especialista de seguridad en el transporte, pero no tenía nada del entrenamiento necesario. No tardó en comprender que debía volver a estudiar. "En cierta medida, no era muy consciente del escepticismo", recuerda. "Si voy a hacer algo, encontraré la manera de hacerlo. Cuando inicié el programa, había personas que decían: 'ella nunca lo va a lograr'". Heather luchó mucho con las clases de cálculo, física e ingeniería, todas eran prerrequisitos de pregrado para poder estar al nivel antes de poder iniciar su programa de doctorado.

Volver a estudiar, en especial en un programa técnico donde tenía la menor preparación en matemática y ciencias comparada con sus compañeros, no fue fácil, pero la humildad fue la clave. "No me atemoricé por hacer frente a cosas que sabía que iban a ser más difíciles para mí que para otros", dice Heather. "Cuando trabajábamos en proyectos de grupo, estaba dispuesta a dedicar tiempo adicional, pedir ayuda por mi cuenta, leer otros libros y hacer lo que fuera necesario para cumplir con mi parte del trato en lugar de pasar a otra persona. De verdad, estaba dispuesta a pedir ayuda y reconocer que tenía experiencias diferentes. Quizás no estaba tan familiarizada con el software, pero si podía encontrar a alguien dispuesto a dedicar media hora adicional para ayudarme, no me intimidaba y de verdad expresaba mi aprecio". Cuando terminó su doctorado, Heather tuvo múltiples ofertas de empleo. En la actualidad, trabaja en Washington D.C. tiene el empleo que siempre soñó como analista de seguridad en transporte.

La experiencia de Heather ilustra la mejor razón para volver a la escuela de posgrado, y es cuando es algo obligatorio. Ese es el caso si quieres cambiar a un trabajo que requiere entrenamiento técnico específico (como ingeniería de transporte) o una licencia profesional, como ser un médico o abogado o acupunturista. Otra razón válida es cuando quieres expandir tus habilidades y redes, y te sientes listo para sacar el máximo provecho de la experiencia.

El sueño de Alice Denison desde su niñez era ser pintora. Creció en Queens, lo suficientemente cerca como para presenciar la agitación de la escena del arte en Manhattan, pero nunca lo consideró como una posibilidad real para ella. "Fui criada para creer que el arte era un pasatiempo", dice. Lo estudió en la universidad, pero necesitaba un empleo y se sumergió en el mundo laboral después de graduarse. "Muchas personas con anhelos creativos enfrentan una existencia marginada", dice ella, "y sabía que tendría un colapso nervioso si no tenía un seguro de salud".

Ella se convirtió en una recaudadora de fondos para entidades sin fines de lucro y, durante los siguientes quince años, se abrió paso hasta ser la directora del personal, y luego siguió los pasos de su jefe hasta ocupar un prestigioso cargo en el gobierno estatal. Todo mientras, inspirada por las madres trabajadoras que la rodeaban, seguía desarrollando su arte: Si ellas se levantan a cualquier hora para criar a un hijo, yo puedo encontrar el tiempo para adelantar mi trabajo". Comenzó a levantarse antes de las 5 a.m. para pintar por tres a cuatro horas antes de ir a trabajar y vio que eso la hacía mucho más feliz. Pero también era dura consigo misma: "Si dormía más de las 5:15 y llegaba al estudio a las 5:30, sentía que había fallado. Era algo demoledor".

Durante esos años, se postuló dos veces a programas de posgrado en maestría de bellas artes, pero fue rechazada. Sin embargo, en el año 2005, veinte años después de haber terminado la universidad con su grado en artes, lo intentó una vez más y fue aceptada a un programa de tiempo parcial en el Centro de Obras de Bellas Artes en Provincetown, la meca del arte en Cape Cod, Massachusetts. Estaba decidida a obtener el mayor provecho de esto: "Tenía la edad suficiente como para ser muy franca y no tener miedo de las preguntas que podía hacer. Creo que en realidad me impactó llevar mi trabajo a un lugar donde me sentía bien, tener la oportunidad de exhibirlo y ser respetada, para mí eso es tener éxito".

En ocasiones, siendo una ejecutiva muy ajena a la escena del arte en New York, se preguntaba si sus pinturas podían ser tomadas en serio. Se recordaba a sí misma, "el artista hambriento en el altillo es una costumbre y los artistas rompen las costumbres todo el tiempo. Mira a Wallace Stevens, quien era un vendedor de seguros. Puedes encontrar ejemplos de personas que han hecho docenas de cosas extrañas para alimentarse y mantener las luces encendidas".

En su programa de posgrado, Alice encontró a alguien que sí creyó en su trabajo. Años antes había conocido a un prominente profesor de arte en Boston al tomar clases con él. Volvieron a conectarse cuando él fue artista invitado en Provincetown, y a él le encantó su trabajo. Alice dice: "él me dijo, 'si puedo ayudar, contáctame'. Y dije 'claro que sí', pero luego él se devolvió y dijo, 'hablo en serio'. Si no hubiese vuelto, yo no lo habría hecho". Pero ella obtuvo el valor para hacer una lista de deseos de galerías en Boston que deseaba que la representaran. Con la ayuda del profesor, la primera opción de Alice la aceptó.

Para Alice, que estaba comprometida con llevar sus habilidades al siguiente nivel y necesitaba hacer más contactos en el mundo del arte (algo que no podía hacer desde los confines de su empleo regular), el haber vuelto a la escuela de posgrado fue la respuesta correcta. Pero, aunque a menudo es presentada como una panacea profesional, para muchos no es así.

Cuándo no volver a estudiar

A menudo recibo consultas de parte de ejecutivos que buscan consejo respecto a si deberían entrar a la escuela de posgrados. Sienten que su carrera está estancada, y se preguntan si un MBA, un JD, un doctorado en psicología organizacional o quizás un grado en periodismo les daría esa ventaja adicional. Es verdad que los programas de nivel superior proporcionan conexiones y redes valiosas (y no aconsejaría a nadie que rechace la oportunidad de estudiar en la Escuela de Negocios de Harvard o alguna de sus equivalentes de elite).

Con todo, a menos que estemos hablando del pináculo de las escuelas, mi respuesta por lo general es "no". Como alguien que tiene un excelente pero completamente inútil (en el mundo profesional) grado de teología, de primera mano sé que un grado de maestría no te da puntos adicionales ni genera más respeto. *Es tu experiencia demostrada, no tus credenciales académicas, lo que cuenta en el mundo de los negocios.*

Mientras no tengas que ingresar a la escuela de posgrados, como en el caso de Heather, deberías considerar muy bien tus metas finales, en especial cuando es probable que esto involucre una deuda de casi $100.000 dólares. Quizás te interese el tema y quieras expandir tus perspectivas. Quizás tengas un sentido claro de las habilidades específicas que quieres desarrollar como en el caso de Alice. Es posible que tu deseo sea esperar una recesión y aprender algo nuevo, cosa que es mejor que estar yendo de aquí para allá desempleado. Sin embargo, muchos programas de posgrado son solo puro ruido, acechan las preocupaciones de estatus de las personas y sus temores en cuanto el futuro. En muchos casos, sencillamente no valen la pena.

A menudo, puedes aprender lo que necesitas y hacer conexiones con profesionales de tu campo, en lugar de hacerlo con estudiantes novatos, mediante desarrollo de tu red de contactos, haciendo trabajo voluntario u otros medios económicos. Dado el gran costo que implica, a menudo es mejor desechar cualquier otra opción primero y volver a la escuela de posgrados solo cuando has determinado que es la única ruta para alcanzar tus objetivos personales. Algo tan simple como iniciar un blog a veces puede demostrar a tus empleadores con mucha más fuerza que conoces lo que estás haciendo.

Intenta esto

- ¿Qué destrezas necesitas desarrollar para tu nueva marca?
- ¿Puedes aprenderlas en el trabajo o mediante un negocio paralelo o necesitas volver a estudiar?
- Haz una lista de tres cosas que puedes hacer en los próximos meses para mejorar tu base de conocimiento (toma una clase de educación para adultos, busca una nueva asignación, conéctate con colegas experimentados, crea tu propio proyecto de investigación y cosas similares).

Haz un "Mini MBA"

Dave Cutler decidió seguir una metodología híbrida durante su última búsqueda de empleo. Siendo esposo y padre, sabía que no podía darse el lujo de tomar un año o dos para estudiar de tiempo completo. Como quería obtener un cargo en las redes sociales, un área nueva para él, decidió demostrar sus destrezas y al mismo tiempo adelantar estudios adicionales. Dave pulió su blog personal para mostrar sus conocimientos en redes sociales. Desarrolló una página de internet llamada "Contrate a Dave Cutler" y comenzó a usar activamente múltiples redes sociales. Por último, entró a un programa de "Mini-MBA" de una semana de duración en Rugers.

"Con las cosas que aprendes mediante la práctica, vas a tener vacíos en tu conocimiento", dice Dave. "Yo quería llenar esos vacíos, y tener mejores fundamentos en cuanto a las redes sociales, así como algo tangible que mostrar, porque es difícil decir que eres alguien conocedor de las redes sociales sin tener nada en tu currículo". El programa era ideal porque lo enseñaban expertos conocedores y de la vida real, algunos de los cuales Dave ya seguía en Twitter.

Al terminar, tenía consejos prácticos (un profesor le sugirió poner un código QR en su hoja de vida, lo cual ha incrementado su tasa de "escaneo") y algunas conexiones valiosas, incluyendo un enlace con un conferencista invitado que es el socio de negocios del bloguero influenciador Chris Brogan. Gracias a la conexión, Brogan mencionó la causa "Contrate a Dave Cutler" y, en varias ocasiones, lo ha conectado con programa de televisión web semanal. En general, dice Dave, el mini-MBA "no sustituye la experiencia laboral. Pero hace ver que he hecho esfuerzos concretos para aprender y entender este negocio".

Estrategias claras para desarrollar tus habilidades

Dependiendo de tus metas, la mejor receta pueden ser clases puntuales que se concentran en una habilidad específica. Joel Gagne terminó todos los cursos para una maestría en ciencias del gobierno. Pero en medio de dirigir una compañía, un par de mudanzas al otro lado del país y un bebé recién nacido, finalizar su tesis de maestría no parecía muy relevante. "No quiero decir que esas clases no valieron la pena, porque no es así", dice. "Hubo una o dos muy buenas. Pero en lo que respecta al impacto directo en mi vida profesional, el trabajo de posgrado no ha tenido el tipo de efecto necesario, no me ha dado el conjunto de habilidades de negocios que necesito".

En lugar de eso, él se ha concentrado en continuar con su desarrollo profesional tomando clases puntuales que abordan necesidades claras de negocios. "Miremos, por ejemplo, la escritura", dice. "No necesito lo esencial. Necesito tener la habilidad de saber escribir una entrada de blog o cómo escribir una propuesta, cosas específicas que impactarán mi trabajo. Afrontar algo pequeño y más específico me ha ayudado mucho más que completar ese grado de maestría o cualquier cosa que haya obtenido de estudiar para eso".

Él ha tomado clases sobre trazar metas, escritura efectiva para los negocios y cómo vender tu negocio. Él tomó una clase sin créditos sobre escritura creativa en la Universidad de Chicago, pero con un énfasis en aplicación a los negocios. "Casi nadie en ese curso tenía como objetivo escribir la próxima gran novela", recuerda. "Todos dijeron: 'estoy en los negocios, necesito poder escribir mejor, mi trabajo no puede sonar torpe o seco. Necesito capturar la atención de los demás y hacerlo de inmediato: ¿cómo puedo hacerlo?'".

En tu proceso de reinvención profesional, vas a tener que cultivar nuevas habilidades. Con todo, no necesariamente tienes que completar un costoso programa de posgrado. Piensa bien en tus metas y quizás podrás obtener la experiencia que necesitas haciendo trabajo como voluntario (como ya lo mencionamos en el capítulo anterior), extendiendo los parámetros de tu empleo actual, tomando un empleo nocturno o tomando clases específicas para expandir tu conjunto de habilidades.

RECUERDA:

> » A menudo puedes extender los límites de tu empleo actual de formas que te pueden permitir explorar nuevas vías y desarrollar nuevas destrezas. Pregunta si hay responsabilidades relevantes nuevas que puedes asumir.

> » Volver a la escuela de posgrados no debería ser tu primera opción. Si no es algo obligatorio para el campo que has escogido, piensa muy bien respecto a si la deuda y el tiempo sin trabajar valen la pena. Las escuelas más prestigiosas tienen un valor de marca poderoso y redes de exalumnos que pueden recargar tu carrera, pero ese no es el caso en la mayoría de programas. Pregúntate su hay otras formas más económicas para obtener el conocimiento que deseas.

> » Crea una lista específica de habilidades y conocimientos que deberías desarrollar. Eso te obligará a pensar más en tu educación. Si necesitas estar en capacidad de escribir mejores informes, probablemente podrás encontrar ayuda puntual (como una clase o un tutor de escritura), en lugar de saltar directo a un programa de dos años que solo aborda de manera tangencial lo que quieres aprender.

CAPÍTULO 6

¿Quién es tu mentor?

En este punto, ya debes haber identificado tu nuevo camino, lo habrás probado y habrás empezado a desarrollar las habilidades que necesitas para tener éxito. Sin embargo, sin importar tus habilidades, entrar a un nuevo campo o ascender en la pirámide corporativa pueden ser procesos confusos y algo frustrantes. Tener un guía experimentado que te ayude a explorar puede ser muy útil. Pero, por desgracia, la oferta de mentores es limitada. Aunque sería excelente que un profesional experimentado con mucha sapiencia te escogiera de repente ("¡Reconozco tu potencial, permíteme ayudarte a explotarlo!"), es muy probable que esto no suceda. Aunque muchas personas cuentan con suerte, para la mayoría de nosotros, esos mentores nunca se materializan.

Pero eso no significa que no te puedas beneficiar de su sabiduría. El secreto que muchas personas no tienen en cuenta es que debes buscarlos, y ellos a menudo llegan en condiciones inesperadas. En este capítulo, abarcaremos los ocho pasos para construir relaciones exitosas con tus mentores, los cuales son:

- Cómo descubrir a quién quieres emular
- Cómo asegurarte de que se ajuste a ti
- Cómo identificar el mejor mentor para ti
- Cómo aprender de la sabiduría de las masas
- Cómo aprender lo que solo tu mentor te puede enseñar
- Cómo desarrollar tu propio currículum
- Cómo hacer que valga la pena para tu mentor
- Cómo retribuir

Primer paso: Cómo descubrir a quién quieres emular

Hace años, Joel Gagne (el ejecutivo mencionado en el capítulo 5 que tomó clases específicas de desarrollo profesional) fue elegido para el comité escolar en su ciudad, el miembro más joven en la historia del pueblo. Fue allí donde conoció a Steve, el dueño de una agencia de relaciones públicas y miembro antiguo del comité con treinta años más de experiencia. "Me impresionó la habilidad de Steve para tomar y desglosar problemas emocionales y complejos", dice Joel. "Podía hacer preguntas y dar una opinión con la que yo podía no estar de acuerdo, pero lo hacía de tal forma que las personas podían entenderlo. Esa paciencia y madurez eran algo que me faltaba cuando yo tenía veintiséis años. Él era un profesional maduro y respetado. Es por eso que vi en Steve lo que quería que las personas vieran en mí".

La relación de mentor-aprendiz de Steve y Joel es clásica: un estadista mayor ayudando a un joven discípulo. Piénsalo con mayor amplitud: no asumas que tus mentores deben ser mayores o estar en la misma industria. A veces, puedes aprender el máximo de fuentes inesperadas. Hank Phillippi Ryan es una reportera de Televisión de Boston, ganadora de un premio Emmy, famosa por corregir problemas gracias a sus segmentos "Hank Investiga". Después de décadas en el sector periodístico, de todas las personas posibles, fue su practicante la que la inspiró a tomar un rumbo nuevo.

"Ahí tenía a una joven maravillosa que trabajaba en mi estación", recuerda. La practicante soñaba con volver a Boston y convertirse en la productora de Hank y, después de unos años cumpliendo sus deberes en otros mercados televisivos, una oferta apareció. "Tenía unos veintisiete años y había escrito un libro", dice Hank. "En realidad, era una niña. Estaba escribiendo una novela romántica y me pidió que la editara, así que lo hice con muchísimo gusto. Durante mis horas libres, me sumergí en la edición de su novela y en mi cabeza resonaba una idea: *si ella puede escribir un libro, yo puedo escribir un libro*. Es una máxima Zen: "cuando el discípulo está listo, aparece el maestro".

Segundo paso:
Asegúrate de que los mentores
sean tu mejor opción

No todo el mundo es un gran mentor, así que es importante aprender tanto como puedas de la persona antes de invertir tiempo y recursos en una relación de mentor-aprendiz. David es un profesor de medicina y dirige el departamento de emergencias en un prestigioso hospital. La medicina es un campo que, en teoría, se basa en aprender de doctores experimentados a través del tiempo. El proceso no siempre sucede sin contratiempos. "En ocasiones, alguien se acerca a mí después de haberse estrellado con alguien que parecería ser el mentor ideal para ellos", dice, "porque ese mentor estaba más enfocado en lo que pensaba que el aprendiz debía estar haciendo y no se tomaba el tiempo de averiguar lo que esa persona realmente quería con respecto a su carrera. Los buenos mentores deberían escuchar lo que un aprendiz dice y ayudarlo a descubrir lo que quieren para sus vidas, en lugar de tener una idea fija y empujarlos a seguir ese plan".

En la extraña institución de David, hay un énfasis en tomar un rumbo académico o ir hacia la política pública; si los nuevos doctores se dan cuenta de que no están interesados en ese rumbo, la presión puede ser enorme. "Procuro empezar la conversación con una afirmación amable: has pasado toda tu vida tratando de complacer a otras personas, a tus padres, luego a tus profesores universitarios y luego a tus profesores de la escuela de medicina. Ahora no debes responder al sueño de nadie. Se trata de tu propio sueño y, una vez lo determines, te ayudaré a alcanzarlo. Después de esa conversación, las personas se sienten mucho más relajadas, no sienten que están decepcionando a nadie".

Otra señal de advertencia con respecto a un potencial mentor es la inhabilidad de disponer de tiempo para su aprendiz. David dice:

Una de las fallas que veo en algunos que se consideran mentores es que siempre están muy ocupados o dan la impresión de estar muy ocupados. Si un residente o un miembro nuevo de la facultad necesita verme y no les doy la impresión de que es algo que quiero hacer, se les hace difícil volver a preguntar. Así que procuro hacerlo una de mis prioridades. No es que no esté ocupado, pero los mentores exitosos te hacen sentir que es algo que quieren hacer, más que un favor que haces. Siempre hay algo más que puedes hacer con tu tiempo, algo que llenará tu hoja de vida, en lugar de hablar con alguien acerca de un trabajo potencial o sobre el caso difícil de la semana anterior que les molestó. Pero si estás disponible para hablar con la gente, construirás una relación que puede ser enriquecedora.

Sigue el consejo de David: asegúrate de que tu mentor potencial esté dispuesto a hacer tiempo para ti y que tenga muy presentes tus intereses (no su agenda).

Tercer paso:
Identifica el mejor mentor para ti

Joel y Steve construyeron su relación a través de trabajo compartido en el comité de la escuela. Pero, ¿qué puedes hacer su con tu mentor no se está dando una buena relación orgánica? Quizás debas tomar un acercamiento más directo.

Roxy Kriete acaba de retirarse de una exitosa carrera en la administración de organizaciones sin fines de lucro. Comenzó como profesora de inglés en una pequeña escuela primaria de un instituto privado. "No teníamos nada de dinero, y los salones estaban sobre-poblados", recuerda ella. "Una casa pequeña que quedaba al lado de la escuela se puso en venta y todo el mundo quería comprarla, pero no había dinero". Sin embargo, dado que ella ayudaba en admisio-nes, conocía una familia que tal vez tendría los recursos para ayudar.

Un viernes, mientras el personal hacía una sesión de sugerencias sobre cómo encontrar 120 pequeños donantes, ella tuvo una idea: "Dije, '¿y si logro obtenerlo de una sola persona, para este lunes?' Ellos se rieron y me apostaron un paquete de seis Sam Adams a que no podría. Yo llamé a la familia y hablé con ellos. Resultó que el tipo era el nieto de los fundadores de una empresa inmensa de aceros en Pittsburg. Tenían una cantidad inmensa de dinero familiar y estaban agradecidos con la escuela, así que lo obtuve. La escuela me hizo la directora de desarrollo de medio tiempo y ahora debía averiguar cómo hacer el trabajo".

Ella no conocía a nadie a quien pudiera pedir consejos, así que empezó a participar en reuniones para un grupo llamado Mujeres en desarrollo. Cuando se enteró de que tenían un programa de mento-res, se unió de inmediato y la vincularon con Sally, una experimen-tada recaudadora de fondos que trabajaba para una escuela de artes líder en su campo, experiencia que era el "salvavidas" para avanzar en su nuevo trabajo.

Pero, a veces, un programa formal de mentores no parece ser lo mejor o no está disponible. Si tienes una relación casual con alguien que parece que podría ser un buen mentor, el entrenador ejecutivo Michael Melcher sugiere que "puede ser muy poderoso decirle a al-guien que quieres que sea tu mentor", siempre y cuando le expliques a qué te refieres (para que puedan determinar si tiene sentido para ellos).

Melcher recuerda, "en una ocasión hice algo muy arriesgado de lo que estoy muy orgulloso: Conozco un mandamás con el que trabajé hace ocho o nueve años. Él es un líder de la industria, pero creo que él me ve como una versión diferente y más joven de sí mismo. Le dije, 'Dick, voy a hacerte una pregunta: Quiero que seas mi mentor, y lo que eso significa es que cada seis meses desayunaremos juntos y me darás consejos'. Y él dijo, 'por supuesto'. La clave es que *le preguntè y le expliqué lo que significaba ese rol.*

Cuarto paso:
Aprende de la sabiduría de las masas

A veces, por supuesto, puede que no haya una persona perfecta que sea tu mentor. En vez de eso, puedes enfocarte en crear una "junta directiva personal", con miembros que tengan diferentes habilidades y que estén dispuestos a aconsejarte de maneras más pequeñas y discretas. (Napoleon Hill popularizó una variación del concepto en *Piense y hágase rico* como "Grupos de mente maestra"). Cuando comenzó con su negocio, la entrenadora ejecutiva Alisa Cohn participó en un grupo que se denominaba "Club del zumbido", porque se estimulaban los unos a los otros y se daban sentido de responsabilidad. "Todas éramos empresarias de más o menos la misma edad y nos reuníamos a tomar café una vez al mes", recuerda ella. "Podía traerles cualquier cosa y dárselas. Pueden ser mejores pensadoras estratégicas respecto a ti porque pueden mostrarte un retrato de ti mismo".

Al hacer tu grupo, no solo agregues a las personas que mejor conozcas, dice Cohn. "Se trata de aquellos que crees que tendrán mejor percepción, personas en las que confías instintivamente. Es lindo tener amigos y colegas de años, pero puede ayudarte de igual forma tener nuevas personas en tu equipo, porque te ven ahora, y esa visión no se ve perturbada por el bagaje emocional de hace quince años. Uno de los miembros tenía un grupo de interconexiones, recuerda Cohn, "y en ese momento, a mí me daba miedo hablar en público. Me dijo, 'estás programada. Es el 23 de mayo, y aquí tienes el tema del que vas a hablar'. Estaba tan asustada, pero nunca habría empezado, a menos que alguien me lo ordenara".

Heather, la ingeniera de transporte, no estaba buscando un grupo de mentores. Pero cuando, en su primer año de escuela de postgrado, todo su departamento viajó a Washington D.C., a la conferencia anual de la industria, se encontró con uno. "Decidí ir a la reunión del Comité de asuntos de la mujer en el transporte", recuerda. Nueva en el campo y sin contexto de ingeniería, se "sintió perdida" y pensó que un grupo de mujeres profesionales podrían entender. Con la sola intención de observar, no tardaron en reclutarla: "Al final de la reunión, me habían pedido planear una sesión para la próxima reunión anual. Pensé, ¡es ridículo! Ni siquiera sé qué es importante; no sé cómo encontrar ponentes". Pero aceptó el desafío".

Durante el siguiente año, mantuvo contacto con el comité: eran cerca de veinte mujeres, muchas de las cuales estaban en altas posiciones. Su sesión de conferencia fue un éxito y se mantuvo involucrada en el grupo, convirtiéndose eventualmente en secretaria. Una década después de su fatídica primera reunión, ahora preside el grupo. "Ellas son mis principales mentoras", dice Heather. Busca activamente a las integrantes del grupo para consejos técnicos o de desarrollo profesional y ellas la alientan a buscarlas.

Cuando Heather estaba buscando su primer empleo una vez terminó su postgrado, se postuló a una organización a la que una de las integrantes pertenecía. "No le dije nada al principio", recuerda Heather, "porque no quería ponerla en una situación incómoda. No sabía qué era lo apropiado al requerir su apoyo. Entonces, alguien se le acercó cuando obtuvo mi aplicación y ella me escribió de inmediato. Me dijo: "¡No puedo creer que no me dijeras! Me hubiera encantado apoyarte y de hecho lo hice. *Pero no vuelvas a hacer eso*"". Cuando tengas mentores, aprendió Heather rápidamente, ellos quieren que les avises.

Por último, la estructura de un grupo (sea un grupo de conexiones como el de Alisa o una organización profesional como la de Heather) puede ser muy poderosa. Pero no siempre es necesaria para obtener la ayuda que requieres. Mi amiga tiene una amiga amable y sofisticada que solía administrar una galería de arte, pero cuya pasión no estaba en el aspecto empresarial: ella quería pintar. Así, aprovechando las conexiones que había hecho, se acercó a sus amigos (algunos de los artistas más aclamados de Nueva York) para que le dieran lecciones gratuitas de pintura y visitas a sus estudios. Aunque ellos no fueran un grupo organizado, ella pudo obtener conocimien-

to de cada uno de ellos y aprovechar su experticia. Era una educación de alto nivel, y los artistas, de quienes era amiga hacía años,
estaban felices de ayudarla, especialmente porque ella les devolvería
conocimiento sobre el negocio e inteligencia del mundo artístico.
Las sesiones privadas le ayudaron a progresar rápidamente, y hoy
ella tiene una carrera internacional y es representada por una galería
en Holanda.

Intenta esto

- Haz una lista de seis personas en tu vida a quienes admires
  e identifica por qué. (Mary es genial para cerrar ventas, Ted
  sabe cómo sortear mejor que nadie las políticas de oficina,
  Dinesh ha establecido cómo construir relaciones con los
  medios).

- Para cada uno, decide si tendrás un acercamiento "orgánico"
  o "estratégico". Si trabajas con ellos o los ves con frecuencia,
  podrías intensificar la relación al pedirles consejo específico
  o retroalimentación. Si no los ves a menudo, puedes contactarlos con una solicitud específica: "De verdad valoro tu opinión. ¿Estarías dispuesto a reunirte conmigo algunas veces
  al año y darme consejos?".

- Piensa en lo que puedes retribuir. Los consejos no deben ir
  solamente en una dirección. Además de tu agradecimiento,
  ¿cómo puedes ayudarles? ¿Puedes promover sus redes sociales comentando en sus blogs o retuiteando sus entradas
  regularmente? Si en sus compañías están buscando buenos
  candidatos para emplear, ¿puedes sugerirles opciones pro-
  misorias? ¿Puedes mantenerlos al tanto de tendencias de la
  industria que podrían ser menos evidentes para alguien en
  un cargo gerencial? Enfócate en sus necesidades y trabaja en
  encontrar la manera de suplirlas.

Quinto paso:
Aprende lo que tu mentor puede enseñarte

"Definitivamente, el primer mes que trabajé para él nunca pensé que podía ser mi mentor porque era muy irritante". Así es como Johnna Marcus, una joven profesional que ahora se está entrenando para ser terapeuta de lenguaje, recuerda cuando conoció a Matt, quien era gerente general en la cadena de librerías donde ella trabajaba después de graduarse en medio de la Gran Recesión. "Era un cambio radical comparado a todos los gerentes que había tenido antes", afirma. "Era muy particular, muy organizado, preciso, meticuloso con ciertas cosas, era muy difícil acostumbrarse a él. O te adaptabas o renunciabas, ya que nunca ibas a encontrar paz en ese lugar. Fue una sorpresa para mí".

Ella era una buena trabajadora y se había llevado bien con sus antiguos jefes, pero estar bajo el mando de Matt era todo un reto: "De verdad hubo momentos en los que pensé que no podía hacerlo". Pero ella necesitaba el empleo y había muy pocas alternativas, le había tomado meses conseguir este cargo. Así que, poco a poco, comenzó a adaptarse al duro estilo de Matt. No fue fácil, y a veces no estaba segura ni siquiera de por dónde comenzar. Tenía listas de pendientes de tres páginas que parecían irrealizables.

Pero Matt estaba dispuesto a ayudar. "Me costó mucho organizar las cosas en puntos concisos", dice Johnna, "pero eso fue lo que él me enseñó: 'reduzcámoslo a tres ideas básicas, tres cosas fundamentales que necesitas realizar en este tiempo' y eso lo hizo más fácil de comprender. Él lo sabía, él sabía que yo me estaba poniendo nerviosa y que mi mente estaría repasando todas las cosas que necesitaba hacer, y él se daba cuenta y decía, 'respiremos profundo y revisemos qué tenemos que hacer primero'".

Su enfoque en la claridad y la organización tuvieron un impacto en Johnna. "Se trata de organizar todo de tal manera que, cuando alguien viene a peguntarte dónde está ese formulario de hace seis meses, tú ni siquiera dudas. Sabes dónde está", afirma. Ella también aprendió de la habilidad de Matt a adaptarse a las verdaderas necesidades de sus empleados. "Él no quería que nadie llegara a su oficina y hablara de cosas que no estuvieran relacionadas con eficiencia", recuerda. "Pero una vez estaba en su oficina y le dije, 'te digo ahora que estoy muy sobrecargada'. Él sabía lo que tenía que hacer en ese momento, se adaptó y pudimos solucionarlo. Él no era sensible el 90% del tiempo, pero el 10% cuando tenía que serlo, lo era".

En los trabajos gerenciales que Johnna ha tenido desde que conoció a Matt, su influencia sigue ahí. "De verdad tuvo efecto en mí", dice ella. "Después de todo ese tiempo, me di cuenta del efecto real que había tenido, sus filosofías se fusionan con las tuyas".

Sexto paso:
Desarrolla tu propio currículo

Cuando Roxy, la recaudadora de fondos que solía ser maestra, regresó a su grupo de Mujeres en desarrollo, estaba asombrada: "Estaba muy emocionada por mi mentora, pero me sorprendió darme cuenta de que yo era una minoría. Al menos en mi rango de audición, todo el mundo murmuraba que era terrible. Nadie tenía nada positivo que decir al respecto. Entonces, me di cuenta de que estas relaciones requieren un gran esfuerzo de parte del discípulo. Se trata de cómo tomas las cosas, como retener y maximizar lo enseñado".

¿Cómo logró ella maximizar su experiencia de mentores con Sally? Primero, se aseguró de que el contacto fuera frecuente, programando reuniones de desayuno mensuales. (Si esperas demasiado tiempo antes de contactar a tu mentor, la relación podría enfriarse). Segundo, y lo más importante, Roxy se preparó para sus reuniones de manera asidua: "Creé mi propio programa y ella era genial para dar lecciones extemporáneas. Le decía, 'háblame de esto, háblame de aquello'. Lo otro que hice fue pedirle que criticara mi trabajo frecuentemente. Le llevaba algo, mi plan para materiales de campaña o el borrador de una carta para una recaudación anual de fondos. Le decía, '¿estás dispuesta a revisar esto? Adelante'".

Joel también se acercaba a Steve con preguntas específicas: "Mucho de esto se trata de cómo manejas las críticas, cómo reaccionas ante personas que te retan constantemente, y cómo te comunicas con tu audiencia", recuerda. "Me acercaba a él y le decía, 'Steve, no estoy seguro de cómo transmitir mi mensaje a este público' y él me ayudaba a solucionarlo. Me hacía preguntas como, '¿qué crees que quieren ellos? ¿Qué tienen en común contigo? ¿Qué quieren escuchar? ¿Cómo puedes conectarte con ellos sin renunciar a tu posición?'. Es un consejo maravilloso de cómo comunicarte con las personas".

Séptimo paso:
Haz que valga la pena para tu mentor

¿Por qué las personas se convierten en mentores? Si se realizan de manera adecuada, estas relaciones pueden ser extremadamente gratificantes. "De los trabajos que hago, es de los más importantes y de los que más disfruto, me hace sentir que tengo el trabajo adecuado", dice David, el jefe del departamento de emergencias. "Tengo el placer de ver cómo las personas llegan y aprenden a convertirse en excelentes médicos y adquieren metas y sueños y luego los cumplen. Es maravilloso verlo. De alguna manera, es como criar niños, ya que algunos siguen adelante y se convierten en líderes de la siguiente generación de líderes o de estudiantes de medicina, así que puedes ver tus esfuerzos dar frutos en generaciones venideras".

Así sucedió con Ben y conmigo. Cuando conocí a Ben, él era un estudiante universitario de 19 años que hacía voluntariado de verano en la campaña presidencial en la que yo estaba trabajando, y yo lo recluté para la oficina de prensa. Él era inteligente y dispuesto a asumir tareas difíciles como preparar documentos a primera hora, escanear las noticias buscando información relevante para los miembros más antiguos, y estaba dispuesto a conducir largos trayectos a partes remotas de New Hampshire para trabajar en eventos. Parte de una relación de mentor/discípulo (seamos honestos) se trata de egos, y yo veía mucho de mí mismo en Ben, desde la obsesión con *The New Yorker* hasta la preocupación por el bienestar animal. También vi algunas de mis falencias, como la tendencia a tener opiniones demasiado empáticas, y quería protegerlo de las consecuencias hasta que tuviera el tiempo de dominar la sutileza de cómo y cuándo expresarlas.

Al final del verano, él tenía planeado dejar la campaña, pero yo ideé la manera de crear un nuevo cargo y convencí al director del estado, algo difícil de hacer, de contratar a Ben y darle un pequeño salario. Se convirtió en nuestro "rastreador", siguiendo a nuestros oponentes y grabando cada afirmación para poder analizarla y buscar errores. (Los rastreadores se volvieron famosos en 2006 cuando George Allen, el antiguo Senador por el estado de Virginia considerado un fuerte candidato a la presidencia, insultó a un rastreador con lo que pareció ser un comentario racial, destruyendo así sus oportunidades).

Consideré que mi misión era proteger a Ben de cualquier peligro, advirtiéndole sobre no consumir alcohol siendo menor de edad y manteniéndolo lejos del alcance de mi complicado jefe. Cuando finalizó la campaña, él aprovechó toda su experiencia para hacer relaciones públicas e internados de mercadeo y, después de graduarse, consiguió un empleo como analista supervisando la actividad del congreso. Sin embargo, después de un par de años en C-SPAN, decidió que la vida de Beltway no era para él y fue admitido en un programa de entrenamiento para la docencia. Mi utilidad profesional para él ahora es limitada, ya que está enseñando en escuela media especial y yo soy quizás la última persona que querrás consultar en asuntos de preadolescentes. Aun cuando nuestra relación mentor/discípulo ha terminado, me siento afortunado de tener su amistad.

Esta transición a una relación de pares puede ser la mejor parte de ser el mentor de alguien. David recuerda con agrado los viajes frecuentes que realiza a hospitales en todo el país, haciendo rondas con sus antiguos estudiantes y colaborando en investigaciones. Joel, después de perfeccionar sus habilidades políticas y sus relaciones públicas trabajando al servicio de otros por más de una década, se asoció con Steve hace algunos años y eventualmente compró su firma.

Octavo paso:
Retribuye

Primero, con un simple "gracias". "Las personas subestiman la importancia de esto", dice Roxy. "Quizás porque son humildes ¿*Qué pueden significar mis palabras a otra persona*? Pero cuando estoy del otro lado, siendo el mentor de alguien, a veces me pregunto si están ganando algo de la experiencia. No necesito escuchar que me den las gracias, pero se siente muy bien. Así que cuando alguien más es mi mentor, trato de ser específico en mi reconocimiento verbal, haciéndole saber cómo sus consejos han hecho la diferencia en mi manera de hacer las cosas. Ocasionalmente, les obsequio un libro o una agenda, pero eso es en esencia una manera de dar las gracias".

Segundo, comparte tu punto de vista. Michael Melcher, quien se hizo amigo de Dick, el poderoso abogado, se dio cuenta de que él también tenía algo que aportar a la relación: "Es algo que hay que recordar cuando se trata con personas mayores", comenta. "Les gusta dar consejos, pero también están muy interesados en lo que la gente joven hace y cómo ven el mundo".

Por último, mantente en contacto y ayuda cuando puedas. Johnna escribió una recomendación para Matt en LinkedIn, un gesto muy útil porque, así como Johnna, él perdió su empleo cuando la librería cerró. Con el tiempo, tú podrías proveer contactos o datos útiles para tu mentor, y él o ella estarán muy agradecidos por tu lealtad.

RECUERDA:

» Piensa en las habilidades que quisieras desarrollar y la persona en la que te quieres convertir. ¿Quién en tu vida personifica esto? ¿Esta persona estaría dispuesta a darte consejos?

» Busca un mentor que esté enfocado en ayudarte a conseguir tus metas, no que tenga su propia agenda. Y asegúrate de que tu mentor esté dispuesto a hacer tiempo para ti. No quieres un mentor que te haga sentir que eres una imposición en su tiempo.

» Reconoce que tal vez no encuentres un solo mentor que te imparta toda la sabiduría que requieres. En cambio, tal vez necesites pensar ampliamente en un grupo de personas que te puedan dar diferentes consejos.

» A veces, un gran mentor puede esconderse donde menos lo esperas (un colega más joven, un jefe complicado). Mantén una mente abierta y aprende lo que esta persona tiene para enseñarte.

» Tienes que tener un rol activo en moldear tu experiencia con tu mentor. No esperes que el conocimiento simplemente llegue a ti de repente, debes pensar acerca de lo que quieres aprender y hacer las preguntas adecuadas.

» Sé agradecido y hazte útil. ¿No estás seguro de cómo puedes ser de utilidad para tu mentor? Piénsalo bien. Podría dar asistencia en un proyecto, dar consejos a sus hijos acerca de universidades o ayudar con trabajo físico, lo que sea de más ayuda.

CAPÍTULO 7

Aprovecha tus puntos de diferencia

Gracias a tu detallada investigación, tus destrezas pulidas y los consejos de tus mentores, estás comenzando a desarrollar una buena idea de cómo puedes avanzar con éxito hacia tu nueva posición en el campo. Con todo, el trabajo no ha terminado. Has conquistado la sustancia: identificando a dónde quieres ir y cultivando los objetivos necesarios para llegar allá. Pero eso no servirá de mucho si el resto del mundo no puede verlo. Ahora es el momento de concentrarte en cambiar tu marca públicamente para que los demás reconozcan tu nuevo yo y lo que pones a disposición. El primer paso es entender lo que te hace único, para que puedas transmitirlo de manera memorable a los demás.

En las campañas políticas (además de mi trabajo en corporaciones, he asesorado campañas presidenciales, gubernamentales y del Senado de los Estados Unidos), una de las primeras cosas que notas es que los votantes no se van a tomar el tiempo de evaluar todos los aspectos en los que eres igual a tu oponente: son personas ocupadas y, de manera bastante racional, solo quieren saber cuál es la diferencia. Hay quienes lo calificarían de "tonto", pero los especialistas en mensajes creen que es un proceso positivo, porque obliga a los candidatos (a menudo con discursos tediosos) a concentrarse. Resumir las cosas y explicar por qué eres una alternativa atractiva es una forma poderosa de comprender lo que es más importante para ti. En este capítulo, aprenderás estrategias para identificar y aprovechar tus puntos de diferencia, incluyendo:

- Edificar sobre tus habilidades transferibles
- Entender lo que tú tienes y ellos no
- Usar el poder de tu identidad
- Empezando por lo básico: tu aspecto como marca
- Los peligros de "arreglar" tu marca

Construir tus habilidades transferibles

Una de las preguntas claves que debes hacerte mientras planificas tu reinvención es "¿Qué habilidades o experiencias tengo que puedo traducir a mi nuevo rol?". Esa fue la pregunta que enfrentó Craig Della Penna cuando supo que su trabajo soñado estaba por desaparecer. Craig, que por mucho tiempo había sido un entusiasta de los trenes, había estado enganchado a los senderos de ferrocarril, (líneas de ferrocarril convertidas en carriles para bicicletas) a principios de la década de los 90 y llegó a escribir cuatro libros sobre el tema. Cuando le ofrecieron un trabajo de tiempo completo como defensor de los senderos ferroviarios, "tuve que pellizcarme para estar seguro de que no estaba soñando", recuerda.

"Era más que caminar por los pasillos de la Casa del Estado", dice. "Estaba llegando al nivel del suelo y enseñando a los locales a hacer avanzar estos proyectos, para detener a los oponentes... Tienes que viajar a todos estos lugares, y yo estaba acumulando 900 millas cada semana. No me importaba conducir 150 millas para ir a una reunión pública que comenzaba a las 7:00 p.m." Sin embargo, cuando su organización anunció que cerraría la oficina regional de campo de Craig, él necesitaba encontrar otro plan y rápido. Si tu habilidad única es que eres experto en rutas ferroviarias de Nueva Inglaterra, ¿quién podría contratarte?

Fue entonces cuando Craig comprendió que sus conocimientos específicos podían servirle en muchos campos. Cumpliendo un sueño de mucho tiempo, él y su esposa compraron una pequeña posada en la pintoresca ciudad de Northampton, Massachusetts, literalmente a pocos pies de distancia de una carrilera. Comercializándola como el "Sugar Maple Trailside Inn", él atiende a visitantes afines, alquilando bicicletas de crucero a los invitados y mostrando "una de las colecciones más grandes de la región de mapas de ferrocarril antiguos, documentos y libros sobre la historia de los ferrocarriles en el noreste". A medida que su clientela crecía, Craig notó algo importante. "Había muchos invitados que buscaban mudarse aquí", dice. "Se quedaban aquí, contactaban a un agente de bienes raíces y buscaban comprar una casa. Pensé que, si me convertía en agente inmobiliario, no se irían y tendría un círculo de comercialización más completo: la B&B (cama y desayuno, refiriéndose a la posada) me llevaría a los clientes de bienes raíces".

Sus sospechas fueron correctas. Con la licencia de bienes raíces en la mano, Craig pasó a trabajar para una firma local y tenía una base de clientes lista desde el principio: "Tengo cinco o seis transacciones por año de personas que comienzan como huéspedes de B&B, y eso me permitió ser un agente de bienes raíces fácil y relajado, en lugar de un agente de bienes raíces que presiona y va por el negocio". Eso también significó que tenía tiempo para dedicarse a seguir defendiendo su pasión. "Pude hacer más trabajo como defensor de los senderos ferroviarios después de dejar [el trabajo en la entidad sin fines de lucro] que cuando trabajaba para ellos", dice.

En un comienzo, se concentró en su trabajo con bienes raíces vendiendo casas cerca de los senderos ferroviarios para poder compartir su amor por el ciclismo, aprovechar su amplio conocimiento e implantar más defensores en las comunidades locales, una consideración importante, porque algunos residentes aún se resistían a la idea de los senderos ferroviarios y los consideraban perturbadores o focos de criminalidad. "Varios opositores me dijeron que nunca podrían vender sus casas [cerca de un sendero de ferrocarril], así que me convertí en un agente inmobiliario especializado en eso para cambiar su manera de pensar", dice riendo.

En 2010, Craig abrió su propia oficina de bienes raíces en Northampton, la franquicia de una firma con sede en Boulder, Colorado, llamada Pedal to Properties, que realiza exhibiciones de bienes raíces en bicicleta. "Vamos a ver la casa, miramos si es seguro que los niños vayan en bicicleta a la escuela, revisamos los paisajes al rededor y los sonidos del vecindario", dice. El ciclismo y los senderos ferroviarios hacen parte crítica de la marca: a petición suya, la ciudad retiró un espacio de estacionamiento frente a su oficina y él instaló un corral de catorce bicicletas. Él distribuye bicicletas prestadas a clientes e invitados en hoteles locales, y ofrece recorridos semanales en bicicleta que muestran la red local de senderos de ferrocarriles. "Nunca pondrán en mi lápida que vendí casas", dice Craig. "Soy como el Johnny Appleseed de la conversión del camino ferroviario".

De erudita legal a una experta en vinos

Craig convirtió su conocimiento único sobre senderos ferroviarios en una nueva carrera como propietario de un hostal y agente de bienes raíces. Lisa Granik, por otro lado, en un comienzo temía tener que deshacerse de su ardua capacitación como abogada al considerar una nueva dirección. Siendo aspirante a profesora de leyes, había hecho todas las cosas correctas: investigación Fulbright en la antigua Unión Soviética, un doctorado de la Facultad de Derecho de Yale y una tesis profunda que hacía seguimiento a la historia comparativa de los litigios de acoso sexual en Rusia y los Estados Unidos. Pero a medida que se acercaba a su objetivo, comenzó a encontrar señales siniestras. "Tenía varios amigos que eran académicos legales y era evidente que todos ellos estaban descontentos", recuerda. "Pensé, ¿es este mi futuro?".

Comenzó a sumergirse en un interés amateur que siempre había tenido, el vino, y también tomó clases. Pronto hizo un descubrimiento sorprendente: su formación como académica jurídica era el trasfondo perfecto para lanzar una nueva carrera en la industria del vino. En primer lugar, como la mayoría de los académicos, había recibido capacitación en idiomas para poder investigar las fuentes primarias. Con fluidez en ruso, español y francés, y con un poco de italiano, Lisa se encontró en una posición única para comunicarse directamente con los viticultores, muchos de los cuales son agricultores que no hablan inglés. En segundo lugar, vio que su capacidad para evaluar el sabor del vino se debía a su educación legal. "El análisis del vino es deductivo", dice ella, "y ese es un conjunto de habilidades que uno desarrolla como abogado. Es la capacidad de descomponer un vino con un razonamiento deductivo".

Tercero, su entrenamiento en argumentos orales significaba que tenía una ventaja en la comunicación sobre el vino: "La capacidad de tomar un problema complejo y explicárselo a alguien que no es experto es una habilidad muy útil que muchas personas no tienen". Por último, en un giro un tanto cómico de los eventos, incluso pudo aprovechar su experiencia como escritora de tesis. Resulta que, para convertirte en un maestro del vino, una rigurosa designación de la industria, debes estudiar durante años, realizar una serie de pruebas y, sí, escribir una disertación sobre el vino. Usando las habilidades de investigación que había recogido en la primera ronda, pudo pulir su segunda habilidad con mucha mayor rapidez. Hoy, Lisa es en realidad la coordinadora de disertaciones de América del Norte para el Instituto de maestros del vino.

En la superficie, la academia jurídica y el negocio del vino tienen poco en común. Pero, como lo demuestra la historia de Lisa, a veces los requisitos de trabajo más importantes se ocultan debajo de la superficie y son eminentemente transferibles.

Entiende lo que tú tienes que ellos no

Otra pregunta importante que puedes hacer es qué destrezas o habilidades posees que escasean en tu nuevo campo. Susan Leeds era una maestra en administración de empresas de Wharton que había trabajado durante más de quince años como banquera de inversiones: "productos crediticios, seguridad de renta fija, bonos municipales", lo había hecho todo. Después de tomarse varios años de descanso con sus hijos, comenzó a buscar una nueva dirección. "No quería volver a hacer lo que había hecho antes", dice. "Si voy a volver al trabajo y no voy a estar con mis hijos, haré algo que me interese, algo que me motive y diga que estoy haciendo una diferencia".

Como nueva madre, había desarrollado un interés en temas ambientales: "Comencé a pensar en lo que está sucediendo en el mundo y en qué tipo de mundo crecerán nuestros hijos". Al buscar información de forma casual en el sitio web de un grupo de defensa del medio ambiente, se encontró con una lista de empleos: y, para su sorpresa, buscaban a alguien con experiencia en banca de inversión. Pronto, Susan estaba trabajando y con una beca política de dos años.

Fue un choque cultural inmediato. Nunca había trabajado en una organización sin fines de lucro, nunca había realizado una investigación de políticas y se había sometido a un recorte salarial masivo. "Yo era un pez terrible fuera del agua en ese lugar", recuerda. "Había cuatrocientos empleados y solo dos con estudios de MBA, uno en contabilidad y el otro era yo". Ella nunca tuvo una recepción positiva: "Yo era una persona sospechosa. Estoy en un mundo de defensores ambientales duros y pertenecía al mundo de los negocios, había muchas personas en el campo de la defensa del medio ambiente que ven a las personas como yo como el enemigo. Estaba aprendiendo a hablar un idioma diferente y me sentía frustrada porque la gente no entendía lo que decía o no les importaba mi opinión".

Determinada a tener éxito en su beca, ella se abrió paso: "Me concentré en los aspectos positivos tanto como pude, porque este papel me brindaba la oportunidad de reunirme y relacionarme con una gran cantidad de personas, algunas de ellas de alto nivel, a las que de otro modo nunca habría tenido acceso. Y también me concentré en el hecho de que me importaba ese trabajo".

Pero entre los abogados, los expertos en políticas y los científicos, se dio cuenta de que tenía una habilidad especial: "Ellos querían a alguien que pudiera hablar con la gente en Wall Street y yo podía hacer eso". También vio conexiones importantes con su antiguo trabajo. "Una de las grandes oportunidades fue hacer que los edificios sean más eficientes energéticamente", dice ella. "Inviertes en ellos y, de repente, parece mucho la financiación de bienes raíces y la financiación de activos, y eso es lo que yo sé hacer. La mayoría del trabajo de políticas que analizaba en cuanto a cómo aumentar la inversión en eficiencia energética la estaban realizado los tradicionalistas y no la consideraban como inversiones. Se trataba de obligar a la gente a hacerlo, en lugar de tener una perspectiva basada en el mercado. Puedes hacer una inversión asociada con un retorno positivo, ese se convirtió en mi mantra, que tienes que ver las cosas de manera diferente".

Ella comenzó a desarrollar una reputación como pensadora innovadora en el campo. Antes de que terminara su beca, se había convertido en una oradora codiciada en conferencias importantes y varias empresas habían buscado contratarla. Hoy en día, dirige una asociación mixta (público-privada) dedicada a estimular las inversiones en eficiencia energética. "Es una gran experiencia de aprendizaje. Sabía mucho sobre los mercados financieros, pero ahora también se trata de gobierno, política, energía, servicios públicos, regulación e incluso de la industria de bienes raíces", dice. "La gente me busca para el liderazgo político en este campo, y eso es algo diferente de lo que hubiera hecho en un millón de años en Wall Street".

Aprovecha tu condición de forastero

Las habilidades financieras de Susan, aunque eran de primera categoría, no eran inusuales en Wall Street. Ella se hizo valiosa porque, en el mundo de la defensa del medio ambiente, muy pocas personas sabían lo que ella hacía. Sus habilidades se convirtieron en un bien precioso que la diferenció y la ayudó a crecer rápidamente. De manera similar, Jason Shaplen aprovechó su posición única como recién llegado en varios campos. La mayoría de las profesiones te juzgan por tu experiencia en esa profesión. Pero Jason sabía que nunca podría ganar ese juego.

La pregunta real era, ¿cómo se toma un currículum ecléctico (había trabajado como periodista, consultor de gestión, negociador diplomático, redactor de discursos de la campaña presidencial, ejecutivo de telecomunicaciones de Asia y ejecutivo sin fines de lucro) para convertirlo en una fortaleza, en lugar de una debilidad? Su respuesta fue disipar simultáneamente las preocupaciones sobre sus competencias, mientras intrigaba a los demás con su perspectiva externa.

"He trabajado en muchos campos, puedo hablar el idioma de casi cualquiera de ellos", dice. "Puedo hablar el idioma de las personas del fondo de cobertura o puedo ir a la oficina del gobernador y hablar en su idioma sobre cómo hacer que las cosas se muevan a través de la legislatura". Cuando conozco a alguien, en parte porque puedo hablar un poco de su idioma, empiezan a interesarse en mí: *Habla como un diplomático, pero no como un diplomático estándar, tal vez pueda ayudarnos a pensar las cosas de manera diferente.* Creo que le doy a la gente la seguridad de que conozco lo suficiente sobre su campo, pero puedo aportar algo nuevo e interesante a la mesa".

Trabajó duro para aprender los matices de sus nuevas profesiones. "Fue una inmersión total", dice. "Corría como un demonio por la biblioteca". Pero también abrazó su papel de forastero, lo cual le daba la libertad de sugerir nuevas ideas y enfoques. "Trato de mantenerme alejado de las minucias, para asegurarme de que haya suficiente distancia para tener una perspectiva", dice. "Tienes que saber cómo hacer la mecánica, pero también debes pensarlo de una manera nueva. Para que en realidad no trates de convertirte en un experto en el campo. Debes buscar algo intermedio: a medio camino entre ser un experto y ser un completo novato. Es saber lo suficiente como para saber qué es lo que hará la diferencia y ser útil, pero aún puedes pensar de manera diferente".

Él ha usado esa técnica en su rol actual como director ejecutivo de una agencia de prevención de indigencia. Aunque ahora ha trabajado en el campo durante casi una década, el tiempo suficiente para acumular una gran experiencia, todavía intenta mantener una perspectiva de externo, buscando innovaciones de otras industrias. "Hemos creado un nuevo y fantástico modelo para atender a los niños sin hogar", dice, "y eso se debe a que veo cómo se hacen las cosas en los programas de educación de la infancia temprana, los centros de orientación infantil, los centros que ayudan a niños en crisis, y eso por lo general no se hace en nuestro campo".

Usa el poder de tu identidad

Más allá de tus habilidades y experiencias únicas, hay algo más que puedes utilizar para distinguirte: tu identidad esencial. A veces, hay aportes que solo tú puedes hacer. Ese fue el caso de Naif Al-Mutawa, un nativo de Kuwait que siempre quiso ser escritor. Entre sus veinte y sus treinta años, motivado por un informe de noticias sobre un hombre local que perdió su trabajo de tintorería debido a su religión, Naif escribió un libro ilustrado acerca de la importancia de la diversidad, el cual terminó ganando un premio de la UNESCO a la literatura infantil al servicio de la tolerancia. Ganó un contrato para dos libros adicionales, pero aun así lo consideró un proyecto paralelo. "Mis padres dijeron que era un gran pasatiempo, pero que no pensara en ello como trabajo", recuerda.

Para el año 2003, con varios títulos de psicología en su haber ("lo más cerca que podía llegar a la escritura y los personajes"), Naif pensó que sus días como escritor habían quedado atrás. Pero un día, mientras viajaba en un taxi con su hermana, ella lo alentó a escribir otro libro para niños. También había obtenido un MBA (Máster en Administración de Empresas) de Columbia en el intermedio, y su mente se lanzó de inmediato al análisis de costo-beneficio: "Dije: 'debe ser algo con el potencial de Pokémon; de lo contrario, no tendría sentido escribir otro libro'", recuerda. "En esencia, era mi forma de decir, 'Cállate'". Pero la idea comenzó a crecer en su interior. Resultó que Pokémon, el fenómeno viral entre los niños, no estaba permitido en algunos países árabes. ¿Qué pasaría si, después del 11 de septiembre, pudiera crear una historia universal desde una perspectiva islámica?

Esa idea se convirtió en The 99, un grupo de superhéroes con un sabor de Oriente Medio e Islámico que muestran "sabiduría, generosidad y los valores humanos básicos que todos compartimos", dice. ¿La meta? "Estamos compitiendo por los corazones y las mentes de la próxima generación, a quienes a veces se les enseña a usar la religión para el odio". The 99 comenzó como una serie de cómics y, de hecho, se ha convertido en un fenómeno similar a Pokémon, con un programa de televisión animado que se transmite a nivel mundial y un parque temático. The 99 incluso fue elogiado como un emblema de tolerancia por el presidente Obama. "Me aseguré de que, desde el principio, se creara para una audiencia global, sabiendo que podría volverse global si se dieran las circunstancias adecuadas", dice Naif.

Crear una marca global de superhéroes islámicos puede parecer un gran esfuerzo para un psicólogo, incluso uno con un MBA. Pero su experiencia como árabe en los Estados Unidos le proporcionó la inspiración, sus conexiones con la escuela de negocios lo ayudaron a recaudar fondos y su formación en psicología le brindó la información que necesitaba para crear historias convincentes. "Todos los personajes tienen conflictos y problemas. Son todas las teorías que aprendí en psicología organizacional", dice. La experiencia y el éxito mundial de Naif muestran el poder de aprovechar cada parte de tu experiencia personal para crear tu próxima identidad profesional.

Naif es un ejemplo perfecto de lo que podemos extraer de nuestro pasado y nuestra perspectiva única. Después del 11 de septiembre, el mundo prácticamente reclamaba a un psicólogo árabe amante de la justicia social con un MBA para crear superhéroes musulmanes. Puedes valerte poderosamente de tu propia identidad incluso si no está relacionada con las fuerzas históricas mundiales. Ese fue el caso de Hank Phillippi Ryan, el reportero de televisión inspirado a escribir por su joven productor.

La historia que solo tú puedes contar

Ryan, cautivado por Agatha Christie y Arthur Conan Doyle en su niñez, siempre había querido escribir misterios. Le tomó más de dos décadas como reportera de noticias de televisión dar el paso. Pero cuando su primera novela fue lanzada, fue un éxito. El libro ganó un prestigioso premio Agatha debido, en gran parte, a su simpática heroína Charlotte "Charlie" McNally, una reportera de televisión mayor que se enfrenta a las presiones de mantenerse relevante en una industria obsesionada con los jóvenes.

"La única razón por la que estos libros son tan texturizados, meditabundos, reflexivos y honestos es que la persona que soy ahora puede escribirlos", dice Hank, ahora entrada en su sexta década y autora de varias novelas populares. "Hace veinte años, era una persona muy diferente. No habría escrito estas cosas. La actitud habría sido completamente diferente. Estoy escribiendo sobre una mujer de mediana edad, una reportera de televisión, que enfrenta la posibilidad de que la cámara ya no la quiera. Como yo era esa persona hace veinte años, me era imposible enfrentarlo. Habría luchado contra eso, pero ahora lo acepto".

Comienza con lo básico: tu aspecto como marca

Algunos podrían decir que tiene sentido basar tu marca en habilidades, experiencias o aspectos importantes de tu identidad. Te has esforzado por desarrollar estos aspectos mediante compromiso y duro trabajo (como Susan, llegando a dominar las finanzas inmobiliarias) o reflejan los valores clave que tienes (como el compromiso de Naif con un islam tolerante). Pero, ¿qué pasa si en la mente de los demás tu marca está formada por factores fuera de tu control? ¿Qué pasa si, independiente de tus preferencias, otros insisten en que perciben algo extraño? La única solución es reconocer lo que otros están viendo y tomar el control de tu marca.

Con frecuencia, escucho de ejecutivos que les preocupa ser percibidos de forma negativa debido a sus características físicas o rasgos fundamentales. Sin duda, es más fácil avanzar si te ajustas al molde: el hombre de buen gusto, blanco, de fondos de cobertura; el genio vagamente tonto en el campo de las tecnologías de la información; o la sexy vendedora rubia. Con todo, también he visto que es mucho más difícil destacar. ¿En qué te diferencias de los otros chicos blancos de buen gusto? Vas a tener que trabajar duro para lograrlo. Pero si logras entrar y tu diferencia es obvia, ya estás atrayendo la atención que necesitas para crear una marca poderosa. De hecho, tu presunta debilidad puede convertirse en tu fortaleza. Eso es lo que pasó con mi exempleador, Robert Reich.

Trabajé como secretaria de prensa de Reich cuando se postuló para gobernador de Massachusetts. Desde el comienzo, los votantes y los medios de comunicación estaban fascinados con él. Ya era una celebridad nacional, habiendo servido como Secretario de Trabajo de los Estados Unidos en la administración del presidente Clinton y luego escribiendo reveladoras memorias sobre sus experiencias. El público estaba dispuesto a reunirse con él y verlo en acción. Pero, por su larga experiencia, sabía que, si entraba en una habitación, se sorprenderían. Todos sabían que Reich era bajo. Incluso, en tono de broma, tituló sus memorias *Locked in the Cabinet* (*Encerrado en el gabinete*). Pero él no era "bajo para un chico". Era muy bajo: 4 pies, 101/2 pulgadas (1 metro, 49 centímetros), para ser específico. Y, si estás tratando de ganar el voto de alguien, no quieres que se sienta sorprendido o incómodo, porque eso genera distracción del mensaje que estás tratando de transmitir sobre empleo, atención médica o el medio ambiente.

Así que Bob, con su humor característico, planteaba el tema primero. Hacía chistes sobre su altura para que la audiencia se riera con él, no de él. (De hecho, publicó un libro de ensayos durante la campaña titulada *I'll Be Short* (*Seré corto*). En el proceso, se estableció como un tipo de político diferente, uno que no se toma a sí mismo demasiado en serio. Se valió de un rasgo físico que podría haber sido un obstáculo (después de todo, la política está plagada del adagio de que el "candidato más alto siempre gana") y, en su lugar, lo aprovechó para su ventaja, haciéndolo excepcionalmente memorable. "Me gusta ese chico bajo", decían los votantes. "De verdad es inteligente". (No terminó ganando la nominación. Pero, de nuevo, tampoco lo hizo ninguno de los otros blancos más altos. Todos perdieron ante un candidato que era aún más diferenciado: una mujer).

El gurú del mercadeo, Seth Godin, que es completamente calvo, también ha tomado una característica física notable y ha hecho que sea parte de su marca. Dos de sus libros muestran su cabeza, solo desde los ojos hacia arriba; en sus portadas y en su sitio web, se indica al usuario que "¡Haga clic en la cabeza de Seth para leer su blog!".[2] Si es inevitable que los demás noten tus rasgos físicos, también puedes controlar la conversación.

Prueba esto

- Haz una lista de las cosas acerca de ti que más sorprenden a las personas cuando las relatas en una fiesta o un cóctel (hiciste parte de los Cuerpos de Paz, puedes hablar finlandés, eres un exsaxofonista profesional).

- Ahora escribe tus habilidades profesionales, aquellas cosas que podría ser atractiva a un reclutador (eres un excelente negociador, tienes una gran experiencia en administración, escribes códigos más rápido que nadie). Enumera al menos dos "puntos de prueba" para cada uno, una historia que puedas contar que demuestre tu experiencia de manera vívida.

- Mezcla y combina tus listas. Mientras piensas en sus metas futuras, ¿cuál se alinea mejor? ¿Qué combinaciones son las más interesantes, sorprendentes o memorables? (Es probable que la gente no se olvide de un programador informático que habla finlandés y toca jazz).

Los peligros de "arreglar" tu marca

A veces puedes verte tentado a arreglar lo que otros pueden percibir como una deficiencia física. Debes proceder con cautela. Resulta que esos elementos pueden ser una parte crucial de tu marca, haciéndote memorable y agradable. Eso es lo que sucedió con Jennifer Gray, una actriz famosa en la década de 80 que hizo el papel de la hermana de Ferris Bueller y el más icónico, "Baby", la joven protegida que se enamora de Patrick Swayze en *Dirty Dancing*.

En un mundo de actrices similares a Stepford, Gray era especial: tenía una nariz distintiva que ignoraba todos los supuestos requisitos de Hollywood. Al principio, su apariencia lastimó su carrera cinematográfica. "Era demasiado judía para *Flashdance*", dijo Gray al *New York Times* en 1987. "Ni siquiera logré ir a ver a Zeffirelli para *Endless Love*. Su asistente dijo: "'Lo siento, estamos buscando a una chica hermosa".[3] Pero todo eso cambió después de *Dirty Dancing*, un éxito sorpresa que ella parecía destinada a desempeñar. "Pasé a ser reconocible, conocida y amada por muchos", dijo. "No me veía como una estrella de cine. Tenía una nariz judía. A la gente le encantaba ver eso".

Sin embargo, en última instancia, sintió la necesidad de cambiarla. En la década de 90, se practicó una rinoplastia que alteró tan drásticamente su aspecto, que para muchos quedó irreconocible. Era bella, claro, pero no se parecía a Jennifer Gray. Este escenario (bastante grave para una actriz cuya cara es su marca) se convirtió en una broma tan fuerte en Hollywood, que en realidad fue elegida como la versión ficticia de sí misma en el programa de televisión de corta duración *It's Like, You Know...*, interpretando a una actriz con una carrera estancada. En 2010, más de veinte años después de su éxito en *Dirty Dancing*, su trabajo valió la pena nuevamente: ganó el codiciado concurso *Dancing with the Stars* en televisión, elevó su perfil y se aseguró de que la gente finalmente reconociera a la "nueva" Jennifer Gray. Pero, aun así, según informaron los periódicos, dijo que tener una nariz nueva era el peor error que había cometido.

En un mercado competitivo, nadie está interesado en saber en qué te asemejas a todos los demás. Aunque puede ser humano querer minimizar tus diferencias, eso en realidad puede extinguir parte de lo que te hace exitoso. Acepta tus diferencias y conviértelas en tus fortalezas.

RECUERDA:

» Piensa creativamente acerca de tus habilidades. Ser un erudito legal no solo significa que conoces la ley, significa que hablas varios idiomas, eres excelente para el razonamiento deductivo y puedes hacer argumentos orales articulados. ¿Cómo se traducen esas habilidades a tu nueva meta profesional?

» El terreno de la marca puede haber cambiado. Los atributos únicos de hace cinco años (¡sabes cómo bloguear!) pueden haberse convertido en algo común. ¿Qué es distintivo en ti para el mercado de hoy?

» Pregúntate: ¿qué tienes que no tienen los demás? Da la vuelta a los argumentos de tus oponentes. Si dicen que no puedes lograrlo en el mundo sin fines de lucro porque solo has trabajado en Wall Street, quizás esa sea la razón exacta por la que tendrás éxito: aportas el valor que nadie más da.

» Piensa en el poder de tu identidad personal. ¿Hay una contribución que solo tú puedes hacer debido a tu combinación única de antecedentes, habilidades y experiencia?

» Si eres diferente de los demás en el campo deseado (como una mujer en la industria de capitales de riesgo), quizás te resulte más difícil entrar. Pero es probable que sea más memorable y exitoso una vez que estés en la puerta.

» Si tu aspecto es inusual y es probable que otros lo noten, no te apenes de reconocerlo y no te apresures a cambiarlo. Ese elemento puede ser parte importante de lo que hace que tu marca sea memorable.

CAPÍTULO 8

Crea tu narrativa

Ahora que has identificado el talento, la habilidad o la perspectiva única que te hace diferente de los demás en tu espacio, es hora de crear una historia poderosa que lo explique. Los humanos comprenden el mundo que los rodea mediante historias, narrativas que nos relatamos nosotros mismos acerca de lo que sucede y por qué. Así que, cuando nos encontramos con información que no concuerda o historias que no tienen sentido, puede ser desconcertante y molesto. De hecho, como Malcolm Gladwell escribió en *The Tipping Point (El punto de inclinación)*, los niños que se ven confundidos por la acción que ven en la televisión simplemente se alejan y se desconectan. Para bien o para mal, los adultos no son muy diferentes.

Mientras buscas tu reinvención, tendrás que idear una narrativa convincente para explicar tu transformación, ya sea pequeña (yo era ingeniero y ahora quiero desarrollar mis habilidades de gestión y supervisión), o algo enorme (solía dirigir un estudio de yoga, pero ahora he decidido trabajar en Wall Street). Utilizo la palabra convincente de forma intencional: por supuesto, tus elecciones son válidas, sin importar lo que piensen los demás. Pero, al igual que el típico árbol que cae en el bosque, tu reinvención no te servirá de mucho si otras personas no la entienden o eligen ignorarla.

Por tal razón, debes dar un paso atrás y construir un relato que otros puedan comprender y apreciar. Nadie condona el asesinato, pero al menos pueden entender si un hombre se está vengando del asesino de su esposa (y, por supuesto, esa es la trama de muchas películas). Muchos pueden considerar imprudente que abandones tu plan de jubilación 401(k) y la seguridad laboral, pero pueden respetarlo si estás siguiendo un sueño que siempre has tenido. Y quizás ni siquiera piensen que no estás bien preparado para convertirte en consultor de administración si antes eras poeta, pero tu historia puede y debe convencerlos de que es la decisión correcta. Entonces, ¿cómo puedes hacerlo? En este capítulo, aprenderás cómo:

- Hacer que las conexiones entre tu pasado y tu presente sean obvias para los demás.

- Encontrar los temas subyacentes ocultos que conectan tus experiencias profesionales.

- Explicar tu trayectoria en términos del valor que aportas a los demás.

Además, abordaremos lo siguiente:

- No puedes ser quien no eres

- Debes creer en ti mismo

- Cómo dar cuerpo a tu nueva marca

Haz que las conexiones sean obvias

Cuando Toby Johnson se graduó de West Point, su primer trabajo fuera de la universidad fue lo más distante posible de un periódico de primer nivel: se convirtió en piloto de helicóptero Apache, la única mujer en una clase de treinta aprendices. Su desempeño, a lo largo de siete años en el ejército, incluyendo una temporada en Irak, le representó muchos elogios. Sus supervisores la elogiaban mucho e incluso apareció en una campaña publicitaria del ejército. Con todo, cuando decidió abandonar el ejército para ir a la escuela de negocios, enfrentó una gran desventaja en comparación con sus compañeros de clase, muchos de los cuales ingresaban con experiencia corporativa: "La única gran organización en la que trabajé fue el Ejército de los Estados Unidos".

¿Cómo puedes competir por ofertas de trabajo con compañeros talentosos que tienen historias claras y convincentes que contar sobre su tiempo en el mundo corporativo? Después de todo, volar un helicóptero puede no parecer directamente relevante para el éxito corporativo. Toby sabía que las lecciones eran transferibles, pero tendría que conectar los puntos para poder convencer a los posibles empleadores. Su misión era crear una narrativa que tuviera sentido y los cautivara. "Utilicé mi experiencia militar como ventaja", dice ella.

Tuvo que crear una historia que tuviera sentido para los escépticos gerentes de contratación, haciendo énfasis en la experiencia de gestión que había adquirido en el ejército (a los veinticuatro años, estaba a cargo de ocho helicópteros Apache de $30 millones, más las treinta personas que los piloteaban) y su rápido aprendizaje hizo posible su temprana experiencia en liderazgo. Muchos de sus compañeros, que por primera vez estaban probando la administración, todavía no habían encontrado un estilo único y podrían cometer algunos costosos errores durante la entrevista.

En otras palabras, Toby se hizo cargo de su historia y se aseguró de que lo que era claro para ella (está construyendo sobre su experiencia de gestión y liderazgo, llevándola a un nuevo campo) también lo fuera para los demás (que de otro modo podrían cuestionar lo que podría aportar un piloto de helicóptero a una corporación). Su estrategia funcionó, hoy es una ejecutiva de rápido crecimiento en una multinacional de bienes de consumo.

Encuentra tus temas subyacentes ocultos

Como lo muestra la experiencia de Toby, a menudo hay temas subyacentes que guían nuestra ruta profesional. Quizás no sean obvios para otras personas que están demasiado ocupadas haciendo conexiones a nivel superficial. Pero es esencial que nos tomemos el tiempo de explicarlos, porque la consistencia y la confiabilidad son consideradas virtudes esenciales en la fuerza laboral. Incluso si estamos cambiando de carrera o dando un salto bastante dramático en la escala corporativa, podemos ganar comprensión, respeto y apoyo si mostramos que estamos siguiendo un camino claro. Ese fue el caso de John Davidow, un ejecutivo de radio pública que, en sus cincuenta años, asumió un nuevo desafío profesional.

Piensa en "experto de Internet" y quizás vendrá a tu mente un millennial vestido con suéter deportivo. Así que, cuando John, un veterano de los medios de comunicación tradicionales con experiencia de durante tres décadas, fue designado para dirigir las operaciones en línea en su estación, eso debió haber llamado la atención de muchos. Él aceptó el cambio con entusiasmo, en parte debido a que su percepción de que el nuevo mundo en línea no era una ruptura con su pasado de los medios de comunicación, sino más bien una continuación del mismo. "Toda mi carrera he sido un poco inconformista", dice. Comenzó su carrera en noticiarios de televisión al comienzo de la era de los satélites y "en muchas formas definimos lo que eran las noticias de televisión local. En realidad todavía no había normas establecidas".

Él sintió el mismo potencial en el mundo en línea. "Esto que estoy haciendo ahora (noticias en línea, participación, narración de relatos) me recuerda a aquella época cuando había tantas oportunidades creativas". Aunque las herramientas pueden ser diferentes (redes sociales en lugar de camiones satelitales), los conceptos básicos para crear una poderosa experiencia de noticias son los mismos. Así que John no es un ejecutivo digital novato con solo unos pocos años de experiencia. En lugar de eso, afirma que ha estado haciendo lo mismo durante toda su carrera: relatar historias y ser un agente de cambio. "Siempre he sido más efectivo cuando trabajo en lugares con menos adultos", dice. "De esa manera podemos innovar y crear. Esta es simplemente una nueva forma de comprometerse, desafiarse y ser emprendedor".

Extendiendo tu "línea de productos"

John mostró cómo los ejecutivos pueden ganar credibilidad en un nuevo campo al resaltar las conexiones menos obvias con su experiencia pasada. La conocida experiencia del autor Tim Ferriss es un ejemplo de una estrategia similar: extender tu línea de productos.

Ferriss era un chico que siempre buscaba atajos. Durante su niñez en Long Island, vivía obsesionado con temas tales como aprender nuevos idiomas y leer rápidamente. ¿Cómo podía hacerlo mejor? ¿Más rápido? ¿Había mejores prácticas y lagunas que se podían aprovechar? Aún en sus veinte años, había fundado BrainQUICKEN, una compañía de nutrición deportiva en línea que, según dice, recaudaba $ 40.000 dólares al mes, pero eso estaba desgastándolo, porque tenía que trabajar demasiado y se sentía miserable. En unas muy esperadas vacaciones durante las cuales viajó a Europa, Ferriss escribe que tuvo "una crisis nerviosa la primera mañana" debido a su estrés acumulado y eso lo llevó a poner en marcha una nueva forma de vida más estratégica. Así nació su exitoso libro *The 4-Hour Workweek: Escape 9–5, Live Anywhere, and Join the New Rich (La semana laboral de 4 horas: Escapa al horario de 9 a 5, vive en cualquier lugar y únete a los nuevos ricos)*, una oda para "hackear la vida" en tu camino hacia la fama, la fortuna y el ocio.

La semana laboral de 4 horas es técnicamente un libro de negocios, y ahí es donde Ferriss, aprovechando su credibilidad general, ganó fama en un principio. (De hecho, un perfil inicial del New York Times resalta la devoción extrema y contraintuitiva que inspiró entre la élite de Silicon Valley, dada su recomendación de ser muy drástico en limitar el consumo de correo electrónico y embarcarse en una "dieta de baja información"[1]). El libro ofrece sugerencias de productividad que sin duda podrían mejorar tu vida profesional:

contratar asistentes virtuales de la India, crear un negocio en línea rentable, convencer a tu jefe de que te permita trabajar desde casa, administrar el tiempo y establecer objetivos, por mencionar solo algunos.

Es claro que los intereses y las inspiraciones de Ferriss son cada vez más amplios. Él promociona los viajes internacionales y los beneficios del "geoarbitraje", es decir, ganar dinero en dólares estadounidenses y gastarlo en lugares más baratos. Él alienta a sus lectores a no esperar hasta cumplir los 65 para hacer realidad sus fantasías de viaje, sino a tomar "miniretiros" y adoptar un estilo de vida móvil en el que puedan trabajar desde cualquier lugar. Presenta las virtudes que tiene el estudiar idiomas (habla cinco y en su blog, comparte técnicas para hackear el proceso y aprender más rápido) y aprender deportes o dominar otras formas de cultura local (dos de sus favoritos son el tango argentino y el tiro con arco japonés). Es una visión difícil de resistir. Entonces, ¿qué haces cuando has cultivado una base de fanáticos apasionados y una excelente marca como autor de negocios (Fast Company lo nombró uno de los "Hombres de negocios más innovadores de 2007")?

Si eres Tim Ferriss, escribes una dieta y un libro de ejercicios. ¿Qué respondiste?

Cerrando la brecha de tu marca

En la superficie, la elección de la secuela de Ferriss puede parecer extraña. Después de todo, no es médico, ni entrenador de nutrición, ni un atleta famoso (aunque *The 4-Hour Workweek* sí relata un evento en el que gana la medalla de oro en el Campeonato Nacional de Kickboxing Chino de 1999 al explotar un tecnicismo y empujar a su oponente fuera de una plataforma elevada). Pero su trabajo más reciente: *The 4-Hour Body: An Uncommon Guide to Rapid Fat-Loss, Incredible Sex, and Becoming Superhuman (El cuerpo de 4 horas: Una guía poco común para la pérdida rápida de grasa, el sexo increíble y convertirse en superhumano)*, en realidad se puede ver como un próximo paso inteligente para alguien que se niega a ser encasillado.

"No quiero publicar '*La semana laboral de 3 1/2 horas*' o '*La semana laboral de 3 horas*'. Para mí, sería aburrido producirlo y creo que para muchos sería aburrido leerlo", dijo Ferriss al blog *Signal vs. Noise* dirigido por la firma de software de moda 37signals.[2] Ferriss estaba ansioso por un nuevo desafío y, justo cuando aconsejó a sus lectores que evitaran el estancamiento de los trabajos que no disfrutaban, se esforzó por evitar una carrera a largo plazo reciclando las mismas trivialidades.

"Gran parte de esto [*The 4-Hour Body*] fue diversificar mi identidad", dijo. "No quería pintarme en un rincón donde me sentía obligado a mantener cierto nivel de éxito". Incluso si *El cuerpo de 4 horas* fuera mucho peor que *La semana laboral de 4 horas*, sentí que este era un paso necesario para mi propia conservación personal. También quería diversificar la percepción pública de mi experiencia. Espero que la gente lea mi material por la forma en que deconstruyo los problemas, no por el tema específico. Preferiría estar en la misma línea que Malcolm Gladwell o George Plimpton que alguien que sea conocido por ser un experto en un solo tema". Ferriss utilizó tres estrategias ganadoras para ampliar su marca, para que la transición fuera comprensible y aceptable para los lectores.

Primero, construyó sobre la marca ya reconocida "4 horas", lo que llevó a los lectores a ver una concordancia entre sus libros, a pesar de sus diferentes temas. En segundo lugar, se elevó por encima de los estrechos límites de ser un autor de negocios y creó su propia categoría. Es un gran salto de "los negocio" a "la salud". Pero visto de otra manera, es solo una continuación lógica de la experiencia de Ferriss en "diseño de estilo de vida", un término que inventó para abarcar la creación del mejor estilo de vida con la menor cantidad de tiempo, esfuerzo y dinero (y posee una nueva categoría de motores de búsqueda, ya que temas como "productividad" ya estaban saturados). Y tercero, Ferriss se ramificó estratégicamente. En agosto de 2011, firmó un acuerdo con la nueva sección de publicaciones de Amazon para su tercer libro, *The 4-Hour Chef (El chef de 4 horas)*. Ir directamente desde el pasillo de los negocios a escribir un libro de cocina sería una salida radical, pero Ferriss preparó a sus lectores (y creó una audiencia de compradores listos) con el libro de transición *4-Hour Body* (*El cuerpo de 4 horas*), cerrando la brecha al aplicar consejos de productividad de estilo empresarial al acondicionamiento físico.

A todo el mundo le hubiera encantado etiquetar a Ferriss como un autor de negocios y preguntarse por qué querría escribir libros de salud y acondicionamiento físico. Pero Ferriss, al reclamar una nueva identidad y categoría para sí mismo, pudo argumentar que no estaba dando un salto radical, solo estaba construyendo en una dirección que ya había comenzado.

Explica el valor que traes

La última pieza crucial para contar tu historia es explicar que tu cambio no es solo una muestra de narcisismo. Todos tienen pasiones y cosas que les encantaría hacer. Es agradable realizarlas, pero también es bueno ser un adulto y pagar tu hipoteca. Entonces, ¿cómo puedes hacer que a la gente le importe? ¿Que respeten tu decisión? ¿Que te tomen en serio? Tienes que explicar que no se trata de ti, se trata del valor que traes.

Ese fue el desafío al que se enfrentó Libby Wagner, un poeta con sede en Seattle que hizo una transición a la consultoría de gerencia. Siendo profesora titular de una universidad comunitaria donde enseñaba poesía, estudios sobre mujeres y escritura creativa, literalmente podía haber mantenido su empleo para toda la vida. Pero cuando su hermana murió de cáncer de mama, se dio cuenta de que necesitaba un cambio.

Durante su tiempo en el mundo académico, había sido responsable de desarrollar un programa estatal para el desarrollo de instructores. El departamento de correcciones del estado tomó nota y la reclutó para supervisar el desarrollo y la capacitación de los empleados. "La reacción de todo el mundo fue: '¿Qué? ¿Renunciar a tu trabajo de maestra titular y vender tu casa?'". Ella tampoco tardó en cuestionar su decisión, en pocos meses, comprendió que no era un buen camino. "La única razón por la que había tenido éxito en el mundo académico era la autonomía, no había reloj de tiempo y podía establecer mi horario", recuerda. "Pero no me podía describir a mí misma como empresaria. No tenía ese idioma. En un campus universitario, los MBA no se juntan con poetas, no creemos que tengamos nada en común".

Con todo, en el departamento de correcciones, ella se lanzó al mundo de los MBA. Cuando su jefe le advirtió a Libby que su trabajo estaba en peligro debido a los recortes presupuestarios, "aproveché todas las oportunidades de desarrollo profesional posibles que podía obtener mientras aún estaba trabajando. Me comprometí a aprender todo lo que pudiera sobre este mundo en el que estaba entrando, que era muy diferente al mundo académico". Ella se unió a grupos profesionales y profundizó en las minucias del trabajo. "Era como un campo de entrenamiento de gestión", dice ella. "Hubo todos los posibles problemas extraños con los empleados, era como una placa de Petri".

Con el tiempo, ella decidió lanzar su propia empresa de consultoría. Había captado suficiente información y vocabulario gerencial durante su tiempo en el departamento de correcciones como para ser convincente como consultora, pero todavía le avergonzaba hablar sobre su vida pasada. "No quería que nadie supiera que era poeta", dice ella. "Tenía muchas voces en mi cabeza. Los economistas con los que había trabajado me habían rebajado y las personas de negocios no estaban interesadas en lo que había hecho. Tenía mucho miedo. Al principio, pensé que debía intentar ir a Harvard y obtener un MBA". Pero ella se contuvo y decidió intentarlo sin eso.

No tardó en darse cuenta de que sus clientes no estaban preguntando por sus credenciales: "Cuando ven que lo que hago realmente funciona, a nadie le importa. Nunca me han preguntado si tengo un MBA". De hecho, dice ella: "Creo que no tener un MBA me da una ventaja, puedo hacer todas las preguntas de la 'chica nueva' y eso los hace salir de su paradigma por un momento para ver si lo que están haciendo les funciona".

Y resulta que las mismas habilidades que perfeccionó como poeta fueron las más relevantes en su consulta. "La forma en que veo el mundo está muy orientada hacia el lenguaje", dice ella. "Voy a escuchar los matices, las conexiones y los patrones. Esa es la manera en que veo el mundo y lo llevo a cualquier interacción con el cliente, así que he aprendido a hacer preguntas realmente buenas". Hoy, Libby ha sido consultora para clientes de la lista Fortune 500, incluidos Boeing y Nike, y ha bautizado su boletín electrónico mensual *The Boardroom Poet* (*La poeta de la sala de juntas*). El secreto para aceptar su propia narrativa de poeta a consultora fue aceptar el valor que podía aportar a sus clientes. Como escribió en un ensayo reciente, "mis clientes quieren resultados. Quieren saber que el dinero, el tiempo y el esfuerzo que van a invertir les darán lo que desean: mayores ganancias, más lugares de trabajo comprometidos, menos estrés, éxito en sus esfuerzos. Eso puedo hacerlo, tal como soy. Cuando me muestro como una poeta, empresaria y una persona inteligente y corriente, puedo ayudar a los demás a ser lo que necesitan ser también".

Tu momento de camino a Damasco

A veces, tu narrativa revela una transición lineal (Toby pasó de líder en la milicia a ser ejecutiva líder o Libby usando el poder del lenguaje, primero en la poesía y luego en consultoría de gestión). En otras ocasiones, en realidad no sucede de la misma manera. Tu transición puede ser dura, abrupta e impactante, y la única explicación que puedes ofrecer es la verdad: algo poderoso cambió en tu interior.

"Debía estar a comienzos de sus veinte años", recuerda Phyllis Stein, la consejera de carrera. Su cliente quería entrar a la industria musical, pero sus razones no estaban bien desarrolladas; se veía más atraída a su glamur. "Tuvimos unas tres sesiones y luego no volví a saber de ella. No supe qué había sucedido hasta cuando volvió seis meses después. Había estado en un grave accidente automovilístico y quería continuar con el trabajo que habíamos hecho".

Pero, después de pasar meses en el hospital y soportar cirugías dolorosas, sus prioridades habían cambiado por completo, y la industria de la música ya no le interesaba. Stein dice: "Pasó de ser frívola a muy, muy seria acerca de tomar clases de ciencias para hacer el trabajo que quería hacer en medicina. Fue dramático, el crecimiento y la madurez".

La transformación repentina más famosa se remonta a la historia de Saulo en la Biblia cristiana, quien se dirigía desde Jerusalén hacia Damasco para arrestar a los partidarios de Jesús. En su camino, fue derribado por una luz del cielo y de repente llegó a creer que Jesús es el Hijo de Dios. Se sintió obligado a proclamar públicamente su nueva creencia y, por lo tanto, se convirtió en San Pablo, uno de los evangelistas más famosos en la historia de la iglesia. La mayoría de las "revelaciones de reinvento" no son divinas, por supuesto, pero a menudo implican una humildad dramática y las lecciones aprendidas de ella.

Prueba esto

- Escribe tu explicación, no más de dos oraciones, sobre por qué estás haciendo una transición. Mantente alejado de las frases autoindulgentes, resalta cómo deseas aplicar tus habilidades en nuevos entornos o aprender cosas nuevas.

- ¿Cuál es el valor que aportas? Escribe una o dos oraciones que identifiquen los conocimientos o las habilidades únicas que posees y que los demás en tu nuevo entorno no tienen.

- Encuentra tu hilo en común. No estás rechazando una identidad a favor de otra, estás haciendo una transición a través de un istmo que une las marcas antiguas y nuevas. ¿Cómo puedes articular esa comunalidad?

- Practica relatar tu historia a amigos cercanos. ¿Suena plausible? ¿Responsable? ¿Estratégico? Quieres retroalimentación honesta, tu objetivo es producir algo que suene convincente y tenga sentido incluso para las personas que conoces por primera vez.

Nadie busca un accidente, una adicción o (en el caso de la gurú del estilo de vida caída y luego redimida, Martha Stewart) un período en prisión. Pero, en algunos casos, esos eventos dramáticos y dolorosos pueden llevar a un verdadero crecimiento y un cambio significativo en la forma en que tú y los demás te ven a ti mismo.

La primera advertencia:
No puedes ser quien no eres

Con toda esta charla sobre el cambio de marca y la elaboración de una narrativa para explicar tu transición, quizás te veas tentado a hacer hasta lo imposible. Si estás en el modo de reinvención, ¿por qué no te conviertes en la persona que siempre has querido ser? ¿Por qué no convertirse en la *persona perfecta*? Soy fanática de la superación personal, por eso escribí este libro. Pero es importante advertir que existen límites para la reinvención. No puedes simplemente inventar una nueva personalidad y, en nuestra sociedad, no hay nada peor que una falsa. Tus amigos y colegas lo notarán (y se sentirán horrorizados), y en nuestro mundo cada vez más conectado, es seguro decir que los demás también lo escucharán.

Todo eso parece obvio, pero el mensaje aún no ha llegado a algunos ejecutivos poderosos (que creen que basta con decretar una nueva identidad) o políticos de alto nivel (que transforman sus personalidades en consultores de Svengali que hablan con suavidad). Uno de estos ejecutivos es Alex Bogusky, el empresario prodigio detrás de la agencia de publicidad Crispin Porter + Bogusky. Su firma creó campañas innovadoras para marcas como Virgin Atlantic, Burger King y Volkswagen, y fue nombrada "Agencia de la década" en *Advertising Age*. Pero a principios de 2010, Bogusky decidió dejarlo todo atrás. Danielle Sacks, escritora de *Fast Company*, había entrevistado a Bogusky dos años antes en un artículo de portada, declarándolo "el Steve Jobs del mundo publicitario". Esta vez, ella dijo: "Rápidamente se hizo evidente que él no era el mismo hombre sobre el que había escrito... En aquel entonces, había sido tan inteligente, temerario e iconoclasta como las campañas que le valieron la reputación de ser el arma más peligrosa de la publicidad... Sin embargo, el Bogusky sentado frente a mí en Manhattan se parecía más a algunos de los activistas que había entrevistado en esta era de crisis financieras y ambientales. En lugar de hablar de marcas, Bogusky se refirió a las desigualdades de Wall Street, los defectos de la estructura corporativa y la necesidad de transparencia social y ambiental. Era un hombre liberado, probando la ropa de una vida nueva, pero indefinida".

Bogusky, un ciudadano del Boulder, Colorado, una población con consciencia ecológica, ha tomado una nueva vida como inversionista en empresas ecológicas y propietario de FearLess Cottage, un lugar de reunión para las personas con las que Bogusky desea participar (cada tarjeta de entrada dice, "Los destinatarios de esta tarjeta han demostrado que son capaces de hacer a un lado el miedo en busca de hacer lo correcto"). Le contó a *Fast Company* que se había dado cuenta de que su trabajo publicitario estaba en conflicto con su conciencia emergente sobre los peligros de la comida rápida y los refrescos: "Poco a poco comprometes tu voz con el tiempo", dijo, "y luego tienes un momento en el que estás como, ¡Vaya!, en realidad eso no es lo que pienso'... Escuché a mi boca desconectada de mi alma".

Suena como una clásica historia de la crisis de la mediana edad, un exitoso multimillonario que toma pasos loables para configurar su vida a fin de reflejar mejor sus valores. Bogusky, ligeramente lloroso, reconoció algo así con *Fast Company*: "Temo el momento cuando mis hijos sean mayores y me miren diciendo: '¿Qué hiciste? El mundo es como un pozo séptico en espiral. Eras un adulto, debías haber hecho algo. Yo era solo un niño. ¿Qué hiciste?'. Quiero poder decir, hice esto, esto y esto. Y lo hice lo mejor que pude".

Pero a mitad de un perfil bastante típico de un hombre cambiado, teñido con una nueva conciencia Zen, obtenemos algo radicalmente diferente. "Estoy de vuelta en Nueva York", escribe Sacks, "haciendo entrevistas de seguimiento por teléfono, y un antiguo creativo de Crispin ha estado despotricando durante más de dos horas sobre el 'falso defensor de la vida' para el que solía trabajar. Mientras continúo dando vueltas, se hace evidente que todas esas horas de reconocimiento sincero e intrépido que compartí con Bogusky pueden no haber sido tan intrépidas o tan sinceras como creía".

No parece ser uno o dos los empleados descontentos con Bogusky. Sacks cita a una variedad de excolegas (todos sin nombre, que reclaman temor a represalias) que lo condenan en términos tales como "megalómano, sociópata [y] narcisista", y lo comparan con Fidel Castro, Calígula y Hannibal Lecter. Describen a un jefe abusivo que manipulaba al personal, creaba un entorno de talleres y no dudaba en humillar a la gente en público.

Si eso fuera algo cercano a la verdad, no sería una mala idea para Bogusky renovar su marca y considerar nuevas formas de hacer negocios. Pero, a diferencia de la experiencia al estilo del camino a Damasco en el caso de Martha Stewart, en la que al parecer aprendió genuinamente de su caída en desgracia, Bogusky es retratado como una persona que no tiene ni idea de su propia culpabilidad y es indiferente al impacto que tuvo en los demás. "Hacia el final de nuestra charla", escribe Sacks, "presioné para ver si sentía algún remordimiento". '¿Me siento mal por la forma en que he tratado a algunos de mis empleados en el pasado?', repitió la pregunta haciendo una pausa inusualmente larga. 'Quiero decir que sí, pero no siento eso'".

Cómo Al Gore perdió y luego encontró el atractivo de su marca

A los políticos les resulta muy difícil reinventar sus marcas. El público y la prensa no lo creen, pero eso no impide que las campañas lo intenten. (Caso en cuestión: el alboroto provocado por un ayudante de Mitt Romney, quien le dijo a CNN que las posiciones de su candidato podrían recalibrarse igual que un Etch-a-Sketch).

En el 2000, Al Gore también era un hombre conflictivo. Había creado una sólida reputación: ocho años como vicepresidente competente, encabezando con diligencia iniciativas sobre cosas tales como mejorar la eficiencia del gobierno. Pero su predecesor, Bill Clinton, era grande. Gore era rígido y aristócrata, mientras Clinton era relajado y accesible. Y aunque en ese momento el propio Gore tenía fama de rectitud conyugal, todavía temía verse afectado por el tumulto del escándalo Mónica Lewinsky de Clinton y la investigación posterior. Entonces, ¿cómo se aprovechan los mejores elementos de la marca de Bill Clinton sin asumir lo peor? Gore tomó la decisión obvia y se dirigió a Bob Shrum.

Shrum era un consultor demócrata de renombre que había alcanzado la fama como redactor de discursos (elaborando el inmortal discurso de Ted Kennedy, "El sueño nunca morirá") y, tiempo después, llegó a ser asesor y mente maestra, cobrando atractivos honorarios y estimulando a candidatos inseguros para que entraran en la "Primaria de Shrum", donde suplicaban, insistirían y competirían con sus ofertas para ganar a Shrum para su equipo. Por supuesto, en todo esto también había un punto débil: la "Maldición de Shrum". Shrum no había hecho parte del equipo de Bill Clinton y no podía reclamar el crédito por su victoria. En cambio, su historial, al menos a nivel presidencial, era pésimo. (Ahora retirado, su gran total fue de ocho campañas presidenciales perdedoras). Sin embargo, se había convertido en una fuente de poder, en una eminencia y en un favorito del establecimiento.

Parte de lo que fallaba en Shrum era que obligaba a sus candidatos a amoldarse, impulsándolos a sonar igual y a decir palabras de labios para afuera que sencillamente no sonaban bien en ellos. Es fácil mirar hacia atrás ahora, en especial después de ver la matanza de la campaña presidencial de John Kerry, que Shrum también pastoreaba. Pero en el fragor de la batalla durante las elecciones del 2000, Al Gore, muy frustrado por la débil imagen que sus ocho años de segundo comediante le habían forjado, acudió a la autora feminista Naomi Wolf en busca de consejos a la medida e hizo lo que consideró una buena elección. Permitió que Shrum lo transformara en un cruzado lanza fuego para "familias trabajadoras", que hablaba de forma dramática sobre "el pueblo vs. los poderosos".

"Las líneas de batalla están dibujadas", dijo Shrum al *New York Times* ese verano. "Al Gore sale de la convención definido con mucha mayor claridad para el pueblo. Hay una opción en una dimensión temática: ¿Quién se va a levantar para luchar por las familias de clase media con medicamentos recetados, una declaración de derechos y educación de los pacientes?".

El problema es que nadie le creyó. Gore, conocido por los estadounidenses durante más de una década como un político amigable pero insípido, obsesionado con el medio ambiente, simplemente no era creíble como un vaquero populista listo para pelear con George W. Bush. Hay límites en cuanto a qué tan lejos puedes estirar tu marca. Tim Ferriss puede demostrar que la productividad empresarial y el "hackear tu cuerpo" están vinculadas. Y Gore habría podido ajustar su imagen para reforzar sus credenciales alfa-masculinas de maneras menos obvias. Pero cuando vas demasiado lejos, te arriesgas a parecer falso. En ese momento, has perdido toda credibilidad.

A pesar del dolor de Gore en Florida y la pérdida de la presidencia, hay un final feliz para la reinvención de su marca. Volviendo a su pasión por la defensa del medio ambiente y "creando de nuevo una nueva marca propia" como el político dedicado que siempre fue, recuperó su atractivo y se convirtió en el tema de una película ganadora del Oscar y recibió el Premio Nobel de la Paz. La paciencia y ser honesto contigo mismo respecto a tus intereses, personalidad y marca reales pueden arrojar dividendos inspiradores.

La segunda advertencia: Tienes que creer en ti mismo

Dudar de sí mismo es algo muy común, incluso entre las personas que menos esperas. Hace años, cuando la empresa nueva en la que trabajaba Alisa Cohn anunció que todos los empleados debían mudarse a San Francisco o de lo contrario... ella recibió el impulso que necesitaba para comenzar su propia empresa de entrenamiento ejecutivo. Pero, con solo veintisiete años, Cohn no tardó en sentir la presión: la gente esperaba consejos que vinieran de sabios con barbas grises, no de los recién graduados. "Las primeras veces que me preguntaron a qué me dedicaba", recuerda, "yo decía: '¿soy entrenadora?' en esa forma de conversación que hacemos cuando no estamos tan seguros, como pidiendo permiso, '¿está bien?... ¿ser entrenadora?'". Ella encontró consuelo con un médico amigo que estaba enfrentando la misma situación. Como su amigo le aconsejó, "hay una diferencia entre ser estudiante de medicina y cuando, tan pronto te gradúas, dices "Soy médico". Pero empiezas a decirlo y es un cambio de identidad para ti. Al principio, no lo crees, pero la gente empieza a tratarte como a un médico".

Así que Cohn puso en práctica el consejo. "Comenzaría a ser menos tímida al decir a los demás: 'soy una entrenadora ejecutiva'. Y con esto, me preguntaban más al respecto, así que tuve que aprender a hablar sobre mi profesión. Como si realmente estuvieran interesados, comenzaban a tratarme, a pesar de mi juventud, como una entrenadora, y hablaban sobre su situación. Así que comencé a tener más confianza en mí misma". Ella se sentía tan incómoda con promover su nueva empresa, que tardó casi dos años para enviar un correo electrónico masivo a sus amigos y contactos dándoles a conocer su nueva empresa ("Tenía la idea de que la gente diría '¿ella no puede establecerse?'"). Más de una década después, Cohn ahora tiene una práctica próspera como coach de ejecutivos de alto nivel de la lista Fortune 500.

Como muestra el ejemplo de Cohn, su inseguridad casi no tiene relación con sus habilidades o talentos, ella era muy capaz de entrenar ejecutivos con eficacia cuando comenzó su negocio. La parte más difícil de hacer una transición puede ser cerrar la brecha entre cómo los demás te percibían (y cómo te percibías a ti mismo) y cómo te gustaría ser visto al avanzar. ¿La respuesta? Pretende hasta que lo logres. Eso no implica engaño o falsedad. En cambio, reconoce que hay un lapso de tiempo entre habitar completamente el "viejo tú" y el "nuevo tú". Mientras no te sientas de verdad cómodo con la nueva identidad, el mejor curso es pretender que ya estás allí.

En otras palabras, contrario a los temores de la mayoría, las personas no buscan investigar tu identidad. Si dices que eres un entrenador ejecutivo, es una persona bastante rara (y disfuncional) la que te va a desafiar. Si actúas con confianza y encarnas con claridad a la persona que quieres ser, estás creando un poderoso circuito de retroalimentación donde las personas refuerzan y validan tu identidad y, con el tiempo, eso se arraiga y te conviertes en lo que quieres ser.

Encarna tu nueva marca

A veces, un secreto útil, por tonto que parezca, es usar accesorios. El atuendo o contexto adecuado pueden afectar de forma dramática tu confianza y comportamiento. Como experto en liderazgo, Warren Bennis relata en su autobiografía:

Durante la guerra [Segunda Guerra Mundial], ser soldado tenía un prestigio considerable y venía con un traje impresionante: mi hermoso y nuevo uniforme. Y tal como lo hace un buen actor, cuando vestía ese uniforme y las barras de oro que lo acompañaban, de inmediato me convertía en un oficial del Ejército de los Estados Unidos. El papel que asumía definía ciertas actitudes y comportamientos, y también proporcionaba modelos de cómo debía actuar. Me daba la oportunidad de probar cosas que nada en mi pasado habría considerado. De mí se esperaba que dirigiera a mis hombres y diera y cumpliera órdenes, y así lo hacía, sin dudar o con la inseguridad naturales para el chico que había sido como civil. El uniforme me daba permiso, en realidad me exigía, observar a los oficiales que me rodeaban y encontrar posibles estrategias para ser un oficial exitoso en su ejemplo... de una manera casi mágica, el uniforme parecía otorgarme la capacidad de hacer lo que tenía que hacer. Era un talismán y una inspiración, un símbolo de mi nueva autoridad y una marca de mi nueva responsabilidad.

Bennis no es el único susceptible al poder de un uniforme; en sus memorias, él recuerda cómo el director de cine Sydney Pollack le dijo que, al principio de su carrera, no sabía cómo ser director, por lo que "trató de vestirse como un director, ropa que era más bien como para estar al aire libre". Bennis indicó: "El papel y un traje persuasivo de L.L. Bean permitieron que Pollack se comportara como un director hasta cuando de verdad se convirtió en uno".

La moraleja aquí no es que necesitas uniformes militares o chalecos de safari para hacer tu trabajo. Más bien, es que todos experimentan un momento (o muchos momentos) de inseguridad cuando pasan a un nuevo papel. La forma más rápida de superarlo es lanzarte con gusto a tu nueva identidad. Si un uniforme (o un traje nuevo realmente bueno) ayuda, hazlo. Haz lo que sea necesario para presentarte con confianza y eso inspirará la confianza de los demás.

Desarrollar una narrativa que explique tu transición puede, para algunos, ser agradable de tener, pero no obligatorio. Después de todo, las personas verán tu arduo trabajo y comprenderán la dirección en la que vas. ¿Verdad? Sin embargo, por desgracia muchas personas no pueden o no harán las conexiones por su cuenta. Mientras no lo hagas explícito, simplemente no entenderán cómo un piloto de helicóptero puede tener éxito en los negocios o cómo un poeta puede convertirse en un asesor de gestión. Tu trabajo es crear una historia tan convincente, que no puedan hacer nada sino comprenderla y embarcarse.

RECUERDA:

> » Otros se van a desconectar si no comprenden la razón detrás de tu transición. Encuentra una manera de hacer obvias las conexiones entre tu experiencia pasada y tu meta futura.

> » A nadie le importará ni respetará tu cambio de marca si parece una forma narcisista de "encontrarte a ti mismo". Haz un esfuerzo por crear una narrativa que se centre en el valor que puedes aportar a los demás.

> » El cambio de marca es una transición o un cambio, no un trasplante de cuerpo completo de Frankenstein. No puedes pasar de ejecutivo despiadado a maestro Zen sin algunas paradas intermedias, eso se verá falso y probablemente lo sea. La gente puede oler el engaño a una milla de distancia. La primera regla del cambio de marca es ser fiel a ti mismo en todo momento.

» Creer en ti mismo es el primer paso. La gente no tomará
en serio tu nueva marca si te muestras cohibido o inseguro.
Así signifique "simularlo hasta que sea real", exuda confianza para que los demás reciban el mensaje.

CAPÍTULO 9

Vuelve a presentarte

Ahora que has desarrollado una historia atractiva que explica tu transición, es hora de volver a presentarte. La gente vive ocupada, y a menudo es fácil que tus amigos y colegas pasen por alto tu esfuerzo y sigan con la misma imagen de ti que siempre han tenido. Pero, como todos confiamos en nuestras redes para clientes, conexiones y ofertas de empleo, depende de ti asegurarte de que entiendan que has cambiado, crecido y que su concepto de ti también debe cambiar. El secreto es orquestar tu "salida" de la manera más memorable y estratégica posible. En este capítulo aprenderás acerca de:

- Por qué el estatus es transferible y *tú puedes* llevarlo contigo

- Cómo enviar las señales correctas

- Cómo cambiar tu comportamiento para que coincida con tu nueva imagen

- Cómo desarrollar validadores que puedan reforzar tu nuevo estatus

- Por qué deberías ir a donde está la acción

- Cómo aprovechar acciones simbólicas para causar una buena impresión

Estatus, *puedes* llevarlo contigo

Es una frustración común para los profesionales que están reinventando sus carreras: han acumulado años de estatus y reputación en su campo inicial, y ahora sienten que están comenzando desde ceros al entrar a un nuevo entorno. Jeffrey Pfeffer, un profesor de la escuela de posgrados de negocios en Stanford y autor de *Power: Why Some People Have It—and Others Don't* (*Poder: por qué algunas personas lo tienen y otros no*), dice que no hay de qué preocuparse. "Es un fenómeno psicológico conocido como el 'efecto halo'", me dijo. "Si creo que eres bueno en un entorno, creo que vas a ser bueno en otros entornos también. Existe la presunción que las personas talentosas tienen este conjunto de habilidades generalizadas".

En otras palabras, tu estatus es portátil y transferible, razón por la cual los actores de Hollywood muy a menudo son considerados portavoces creíbles en temas sociales o por qué los altos ejecutivos suelen ganar cargos políticos. Esta "durabilidad de la reputación", tanto en el tiempo como en las circunstancias, hace determinante que seas estratégico en cuanto a cómo eres percibido desde el primer día, dice Pfeffer: "Debes hacer algo para construir una muy buena impresión, una marca persona, y eso te ayudará no solo en tu sitio actual, sino en otros también".

Así que el secreto es aprovechar tanto tus experiencias pasadas como la confianza que has obtenido de tus logros. Después de todo, las señales que captan los demás vienen de ti, así que, cuando estés presentando tu nueva marca, asume que los demás recibirán con agrado tu aporte. Esa es la estrategia que Liza, la erudita en leyes convertida en profesional del vino, usó cuando lanzó su nuevo rumbo profesional, y su autoafirmación estableció el tono para sus interacciones.

"Me presenté de una manera muy positiva, era muy optimista", dice ella. "Era claro que soy alguien que puede alcanzar logros y podía estar segura de que alguien querría hablar conmigo". Y ella tenía razón. "Por sobre todo, obtuve respeto", recuerda. "El vino se hace para ser vendido, y debes hablar sobre eso, ser elocuente, tener iniciativa, y era claro que yo tenía todas esas cualidades. La gran mayoría pensó que yo era muy valiente al tomar esa decisión". Hoy en día, ella tiene una carrera soñada liderando seminarios avanzados de cata de vinos, escribiendo sobre vino y siendo consultora para productores de vino en otros países respecto a cómo posicionarse en el mercado estadounidense.

Envía las señales correctas

Así que, como en tu inventario propio inicial, toma tiempo para examinar cómo te mostrarás a los demás en todos tus "puntos de contacto". Si antes eras un diseñador de páginas de internet, pero ahora quieres hacer estrategia en internet, deberías asegurarte de cambiar el texto de tu página web, tus materiales promocionales, tu boletín electrónico y los diferentes sitios de redes sociales. (Hay incluso casos más extremos en los que es necesario hacer una "nueva marca material". El experto en consultoría Alan Weiss relata una historia acerca de cómo aconsejó a un aspirante a conferencista de negocios cuyos esfuerzos para que los ejecutivos lo tomaran en serio se veían frustrados por su uso y fuerte promoción de un títere).

Cohn, el entrenador ejecutivo, afirma: "veo que las personas tienen sus propias voces en la cabeza y, cuando comienzan a hacer pequeños cambios, piensan que parecen ser muy importantes ante el mundo exterior. Pero solo vemos sus acciones, lo que dices y haces, toda la maravillosa perspectiva y consciencia propia que estás desarrollando, todas esas grandes ideas, no nos están impactando. Así que se necesita mucho para superar el ruido, y debes ser demasiado consciente de lo que estás haciendo para estar seguro de enviar al mundo exterior explícitamente las señales de lo que estás tratando de construir".

Revisa muy bien todo, no renueves publicidad sin revisar los textos, y, si vas a dar un discurso, imprime una nueva biografía para tu introducción, por si el presentador ha buscado algo desactualizado en internet. Incluso el saludo en tu teléfono puede decir mucho: ¿refleja la impresión que quieres dar? En una campaña política que asesoré, obligué a una organizadora de campo a que cambiara su mensaje de buzón de voz porque "deja un mensaje trataré de devolver la llamada" no inspiraba mucha confianza.

Al lanzar una nueva marca, no dejes de ser proactivo en hacer llamadas o enviar correos electrónicos a tus contactos, de manera personal, para que se enteren de tu nuevo rumbo y, cuando sea apropiado, pedirles su ayuda, consejo o participación. (Los correos masivos son un comienzo, pero muy a menudo nadie los lee). Estos son pasos pequeños, pero como gran parte de lo que los demás conocen de ti viene de la información en internet, es crítico mantenerla actualizada. Esto puede conducir a beneficios inesperados, como cuando una amiga de la niñez volvió a establecer contacto conmigo por internet, leyó mis materiales y decidió que yo sería la oradora perfecta para una conferencia que estaba organizando. Los eventos se pueden desarrollar si estás preparado.

No tienes que decirlo, puedes escribirlo

Los fanfarrones no son agradables para nadie, así que puede ser difícil encontrar la forma correcta de transmitir tus logros. Pero Robert Cialdini, el eminente psicólogo, autor de Influence: *The Psychology of Persuasion* (*Influencia: la psicología de la persuasión*), sugiere dos maneras adicionales y sutiles de recordar a los demás cuál es nuestro nuevo estatus o identidad. Primero, podemos aprovechar la palabra escrita. Resulta que, por algún motivo cultural, puedes salirte con la tuya si te promueves a ti mismo por escrito, diciendo cosas que no puedes decir en persona.

"Debes hacerlo de manera indirecta", me dijo Cialdini. Por ejemplo, si te vas a reunir con un colega por primera vez, él recomienda que "envíes una carta de presentación que diga: 'estoy a la expectativa de nuestra reunión el jueves para hablar sobre X y mi trasfondo y experiencia con respecto a X es el siguiente'". Cialdini dice: "es muy apropiado decir esas cosas en una carta de presentación, pero no es apropiado hacerlo tan pronto estén frente a frente, porque darás una imagen de jactancioso fanfarrón y que hablas demasiado de ti mismo". Puesto que ese es el caso, también puedes aprovechar esa oportunidad y comenzar a hacer que las cartas de presentación sean tu procedimiento operativo estándar.

Una segunda técnica que puedes usar, sugiere Cialdini, es exhibir tus credenciales para que sean visibles. Él fue consultor para un hospital en Arizona que no estaba logrando que sus pacientes que habían sufrido infartos siguieran con el régimen de ejercicios en casa. Cuando Cialdini comenzó a investigar, descubrió algo interesante: aunque los pacientes respetaban los conocimientos y las credenciales de sus médicos, los ejercicios no los asignaban los médicos. Era el personal de terapia física el que les daba las asignaciones "y no sabemos nada de ellos".

Cialdini le pidió al director de la unidad de terapia física que redecorara, poniendo las credenciales de todos los profesionales, sus diplomas, premios y certificaciones, para que los pacientes pudieran "ver la evidencia" de su competencia. ¿El resultado? "El cumplimiento con los ejercicios saltó al 32% de inmediato" dice Cialdini. "Lo que más me gusta de eso es que no requirió ninguna carga. No tuvo ningún costo, y los pacientes se beneficiaron, al igual que los terapistas, el hospital y las compañías de seguros. Nadie perdió, y fue con solo traer a la superficie algo que era verdad pero que estaba oculto: la autoridad real de los terapistas".

Piensa en cuáles estrategias pueden funcionar para ti, ya sean cartas introductorias, diplomas en tu oficina o más información en la firma de tu correo electrónico. Si la palabra escrita es un pretexto mediante el cual puedes expresar mejor tus conocimientos, debes hacer uso de ella.

Cambia tu comportamiento

Sin embargo, las señales pequeñas y tangibles son solo parte de la batalla. El mayor desafío es cambiar tu comportamiento para reflejar tus nuevas metas y realidad. Por más de una década, Dan había trabajado en una compañía internacional de tecnología, ascendiendo al rango de director de ingeniería. Pero cuando él decidió salir a una compañía de tecnología más nueva con una reputación dinámica, comprendió que su hoja de vida tenía algo de trasfondo adjunto. Su anterior empleador era bien conocido y respetado por el público, pero en los círculos de tecnología era considerado un viejo dinosaurio, resistente al cambio y lleno de sofocantes burócratas, y esa no era precisamente la imagen que quería proyectar entre sus nuevos compañeros de trabajo. "Tuve que esforzarme por hacer que los demás entendieran que me sentía cómodo en el nuevo entorno", dice. "Es una cultura de nivel básico, así que debía comenzar a crear relaciones y confianza. Requirió mucho tiempo 'gerenciando al caminar por todas partes', siendo lo más visible posible. Yo reaccionaba de forma exagerada ante todo lo que olía a empresa grande, como tener una reunión de personal permanente".

Dan comprendió que debía hacer conexiones rápido para dar forma a la percepción que sus colegas tenían de él, pero estaba comenzando con desventaja. "Descubrí que toda mi red personal estaba en [mi anterior empresa]", recuerda. "Decidí que no debía volver a estar en esa situación". Así que se embarcó en una campaña de desarrollo de redes para profundizar sus conexiones tanto dentro como fuera de su nueva compañía y, en el proceso, construir una reputación como un ejecutivo visionario, conectado y que entendía las tendencias de la industria. Solo había un problema: su personalidad. "Soy un hombre muy introvertido", dice Dan. "Odio tener ese tipo de reuniones con extraños, tengo la idea de que no me va a ayudar a terminar el trabajo que tengo es mis manos o a conocer las personas sin un elemento concreto de acción".

Pero él se obligó a persistir. "Comprendí que era importante, que no puedes hacer conexiones de repente justo cuando las necesitas. Debes estar listo". En estos días, mientras su equipo de ingeniería nocturno duerme hasta tarde, Dan tiene un régimen constante de reuniones para desayunar, incluyendo "personas de mi industria y otras compañías, personas de búsqueda de ejecutivos, líderes de pequeñas compañías, capitalistas de riesgo, un chico que trabaja en cambios de rumbo corporativo". Cuando se trata de hacer conexiones, dice Dan, "el mayor cambio es que mi respuesta automática solía ser no y ahora mi respuesta automática es sí. Tengo razones puntuales para decir sí".

Su estrategia de desarrollo de red ha dado resultados. Ahora está en el pulso de nuevas empresas para adquirir y sabe cuáles no van a tener éxito (y en cuáles puede encontrar talento). Él se ha vuelto indispensable para su compañía y en nada se parece a un gerente burocrático de vieja escuela. De hecho, ha encontrado cómo jugar con su trasfondo y desmentir las expectativas. Cuando descubrió que su nueva compañía exigía recibos de todos los gastos de viaje superiores a $25 dólares, mientras que el umbral en su compañía anterior era de $75, agitó a sus compañeros diciéndoles que en su compañía anterior eran menos burocráticos y sugirió que cambiaran la política. Eso lo recuerda con gusto: "Pude usar la imagen negativa para mi provecho". Y sabe que, si quiere cambiar de empleo en el futuro, se ha puesto en una posición con los contactos y la imagen de marca que necesita para encontrar un empleo con seguridad.

Ninguna risa importa, cómo Al Franken llegó a ser senador

Al Franken también enfrentó un reto de marca. Sin duda, era bien conocido gracias a sus años protagonizando *Saturday Night Live* y escribiendo libros de humor político de izquierda, incluyendo *Rush Limbaugh Is a Big Fat Idiot (Limbaugh es un gran idiota) and Lies (And the Lying Liars Who Tell Them): A Fair and Balanced Look at the Right (Mentiras (y los mentirosos que mienten diciéndolas): una mirada justa y equilibrada a la Derecha)*. Con orgullo, entraba en discusiones a gritos con presentadores de programas de entrevistas conservadores como Bill O'Reilly. En la industria del entretenimiento, la controversia es buena para el negocio. Pero hay reglas muy diferentes cuando estás postulándote a un cargo por elecciones.

El interés de Franken en la política siempre ha sido evidente, y era claro que este egresado de Harvard tenía habilidades intelectuales (en el año 2003, su alma mater lo invitó para un encuentro en el Centro Shorenstein para hablar sobre periodismo, política y políticas públicas). Aun así, fue una sorpresa cuando, en 2005, el que por mucho tiempo había estado en la costa este se mudó a Minnesota, donde había crecido, y dio inicio a un comité de acción política llamado el PAC de Valores del Medio Oeste. Al año siguiente, recaudó más de un millón de dólares para demócratas en todo el país e hizo presencia en más de cincuenta eventos en representación de los demócratas de Minnesota. Y en 2008, en una campaña que fue observada muy de cerca y bastante reñida, fue elegido senador de los Estados Unidos.

Intenta esto

- Contrata a alguien para que pase algunas horas revisando tus puntos de contacto (mensaje de buzón de voz, dirección de correo electrónico, blog, sitio de internet, cuentas de redes sociales), para ver si encuentra algún mensaje fuera de tono. (Para nosotros puede ser muy difícil notar algo por nosotros mismos). No tiene que ser un profesional de mercadeo entrenado, pero debes buscar a alguien lo suficientemente inteligente y conocedor de los medios tecnológicos, para que pueda identificar las áreas de disonancia que puedas tener.

- Revisa tu ropero. ¿Es adecuado? ¿Qué concluiría alguien acerca de ti con solo mirar tu ropa? Si estás pasando del medio de los nuevos emprendimientos a una firma de abogados, tendrás que cambiar tu manera de vestir y usar traje (y si vas en la otra dirección, no es buena idea ser el único con corbata). En general, imita a tus colegas potenciales cuando se trate del nivel de elegancia, pero aprópiate del estilo.

- Haz una lista de tres acciones que puedes tomar el próximo mes para mejorar la reintroducción de tu marca (asegura tu propio nombre de dominio, inscríbete para ayudar en un proyecto importante, actualiza tu ropa que usas para ir al trabajo, lee más publicaciones de la industria para convertirte en una fuente de información y cosas similares).

Aquel triunfo no se debió a una retórica apasionada o a un mordaz humor a expensas de sus oponentes. De hecho, durante la campaña y una vez ocupando el cargo, Franken solo ha hecho uso de un humor muy amable. Y, reconociendo los potenciales golpes en su contra basados en su carrera como comediante, ha hecho grandes esfuerzos para demostrar seriedad (respaldando la financiación para la prevención de diabetes y de perros de servicio para veteranos) y bipartidismo (su biografía del senado es una verdadera celebración de su amor republicano, dando elogios a su equipo de conservadores de su ciudad natal). Franken, al igual que Dan, comprendió que, para ser visto de una manera diferente, debes tener un comportamiento diferente de manera constante y visible.

Desarrolla validadores

Otra forma importante en la que podemos presentar nuestras nuevas identidades es mediante validadores externos, es decir, que otras personas hablen bien de nosotros. Como lo descubrió un poderoso grupo de investigadores liderados por Jeffrey Pfeffer y Robert Cialdini, el secreto es que otra persona alardee en tu lugar. "A nadie le gustan las personas que se elogian a sí mismas", me dijo Pfeffer. "Pero lo irónico es que, así te promuevas tú mismo por medio de las bocas de otros, de alguna manera ese estigma no se asocia contigo. Es mucho mejor que sea otro el que te haga sonar las trompetas".

Una posibilidad es hacer un pacto con un escudero que piense como tú, con el fin de turnarse el promoverse mutuamente. La manera de hacerlo podría ser que tú hables bien de él con tus colegas, haciendo introducciones nutridas en eventos de desarrollo de redes ("tienes que conocer a mi amiga Dorie, ¡ella acaba de publicar un libro y te va a encantar!") o mencionando en la conversación temas en los que sobresales.

Hay quienes pueden verlo como falso o descarado. Yo considero que esa es justo la razón por la cual deberías hacerlo. Muchas personas pierden una clara oportunidad. Después de todo, ¿qué tiene de malo esforzarse de manera consciente por promover los mejores

atributos de un amigo y hacer que él despierte en los demás interés hacia ti? Como mínimo, esto conduce a tener conversaciones
mejores y más interesantes. Y a veces puede llevar a conexiones y
oportunidades de negocios poderosas. No dejes que un sentido de
propiedad mal orientado te impida aprovechar una herramienta tan
valiosa. Encuentra algún amigo que esté en el mismo juego, planeen
los puntos que cada uno quiere destacar (mi nuevo libro, su nuevo
cargo) y comiencen a anunciarlo en sus entornos.

¿Qué tal si no puedes encontrar a alguien dispuesto a correspon-
der? Quizás debas intentarlo con Debra Feldman. Ella comenzó su
empresa, JobWhiz, en el año 2000 con el fin de ayudar para que
las personas en busca empleo hicieran conexiones profesionales (ella
nunca promete que van a encontrar empleo) por cargos que van
desde varios miles de dólares hasta $50.000, dependiendo qué tan
complejo sea penetrar las compañías que quieren alcanzar. Algunos
clientes sencillamente no tienen muchos contactos, afirma Feldman,
porque "su trabajo no es crear redes, eso es algo secundario a su
trabajo". Otros no están seguros de cuál es la mejor manera de co-
mercializar o posicionarse a sí mismos ante potenciales empleadores
y, en otros casos, las personas se intimidan ante el primer obstáculo
o señal de rechazo.

Feldman no tiene reparos en promocionar de forma agresiva a sus
clientes. "No dejo pasar ninguna posibilidad. Siempre pido la orden
y, si el contacto no está interesado, casi siempre puedo conseguir un
referido. Mientras que la mayoría de las personas de verdad sienten
timidez de pedir más ayuda después de haber sido rechazadas, cuando logro un contacto en el teléfono, promuevo a mi cliente como alguien que necesitan conocer, no como un candidato a un cargo, sino
por darles razones para quedar intrigados. Menciono una historia
de éxito con la que esa persona se puede relacionar o les relato una
experiencia personal que he tenido con esa persona y que la presenta
como alguien sobresaliente... Tengo la paciencia para hacerlo bien".

Con todo, quizás la ventaja más importante que Feldman aporta
a sus clientes es el hecho de que alguien diferente a ellos es la que
está haciendo la venta. "Hay un estatus adscrito al hecho de que otra

persona se involucre en la transacción", dice ella. De modo que, ya sea que termines contratando a un profesional como Debra Feldman para que cante tus elogios, o que simplemente hagas un acuerdo con un amigo, cultivar tu propio escudero puede ayudarte a avanzar y asegurar que las personas escuchan de tu nueva marca.

Ve a donde está la acción

A medida que reintroduces tu marca, debes pensar de manera estratégica respecto a tu "lanzamiento". ¿Cómo puedes llamar la atención de los demás y hacer que noten tu nueva identidad? Lo último que debes hacer después de invertir tanto tiempo y energía en la creación de tu nueva marca es que nadie lo note. Haz una lluvia de ideas respecto a qué referencias o señales serían más poderosas y significativas para tu público objetivo. ¿Hay proyectos en los que te puedes involucrar y que mostrarán tu nuevo interés y habilidades o que te ayudarán a desarrollarlos? Las oportunidades organizacionales que puedes aprovechar (¿reemplazar a tu jefe mientras tiene una licencia de paternidad, transferirte a la nueva oficina en China o ser asignado en la cuenta de un cliente importante?).

En general, debes procurar ir a donde está la acción, las oficinas principales en lugar de las oficinas de campo, los departamentos que controlan las decisiones y los presupuestos o simplemente donde está la mayor atención de tus jefes. Durante la campaña presidencial de 2004, trabajé para Howard Dean. Esa resultó ser una importante ventaja profesional, porque su campaña, de manera inesperada, cobró impulso y dominó los titulares. Pero las personas que más se beneficiaron a nivel profesional fueron quienes lideraron nuestro equipo digital, porque los blogs y las redes sociales eran nuevos, atractivos e innovadores.

La historia acerca del inicio de una "campaña electrónica" era irresistible para los medios, lo cual elevó el perfil de todos los involucrados en el esfuerzo y aseguró que sería la prioridad de la gerencia. (Recuerdo que trabajaba hasta tarde en la noche, esperando consultar con nuestro gerente de campaña, cuya manera de pensar estaba fundamentada en internet, Joe Trippi, acerca de una declaración importante ante la prensa, mientras él, una y otra vez, me despedía, "vuelve más tarde", con el fin de trabajar más tiempo en una publicación de blog. Después de la campaña, el personal de tecnología de Dean formó varias prominentes firmas de consultoría en línea e, incluso apenas en sus veintes, pudieron captar clientes grandes basándose en la fortaleza de la marca de "Internet Dean". Trabajar en la iniciativa de una firma puede servir como un poderoso método rápido para tu maestría: si puedes hacerlo allá, puedes hacerlo en cualquier parte.

Pero, ¿qué si no trabajas para una compañía prominente o no puedes hacer parte de los proyectos más atractivos? (Después de todo, la competencia puede ser difícil para la mayoría de puntos involucrados). Pfeffer, el profesor de la escuela de negocios de Stanford, tiene buenas noticias para ti. Puedes hacer un impacto dramático y visible, así seas el hombre de poca estatura en el tótem, si identificas las oportunidades que tienes, pero que la mayoría de personas pasan por alto.

"Gran parte de la rutina, tareas comunes que muchos no quieren hacer, en realidad te ponen en contacto con personas de alta gerencia en la organización", dice él. "A menudo, las cosas pequeñas pero importantes no se hacen, de modo que, cuando eres tú quien las hace, las personas dirán: '¡vaya! tomaste la iniciativa, eso es de mucha ayuda'. Y eso hará que se familiaricen contigo, tus competencia y habilidades, con lo que podrás construir una imagen mucho mejor".

Ese método funcionó para Heather, la ingeniera de transporte quien cimentó su relación con los líderes poderosos de su comité de "mujeres en la industria del transporte" al servir como secretaria voluntaria. "Creo que siempre estaba dispuesta a hacerme cargo del trabajo sucio, el trabajo operativo", recuerda ella, mientras que los miembros del comité directivo estaban más interesados en la planeación general y en el desarrollo de redes. "Como secretaria, no había mucha gloria y había mucho trabajo relacionado con ello, como la organización de logística para reuniones, pero eso me dio acceso al interior de cómo suceden las cosas, conversaciones que no se dan en público". Ella se hizo indispensable mientras ganaba una perspectiva al interior que pocos tenían.

Así mismo, si controlas los recursos de cualquier tipo, puedes encontrar la manera de aprovecharlos. El dinero es lo obvio. (Aunque, por supuesto, debes ser consciente de las leyes, así como de la propiedad, como el caso del Tesorero del estado de Massachusetts, Tim Cahil, cuando su oficina lanzó un bombardeo publicitario de $1.66 millones de dólares para la lotería de Massachusetts, elogiando lo bien que era administrada [por él] justo cuando él se estaba postulando para gobernador. Esto no fue nada divertido para el fiscal general del Estado).

Con todo, la información es otra fuente poderosa. En los días antes de que el internet se expandiera ampliamente, trabajé para un periódico que, así suene asombroso, solo tenía dos equipos con internet. Los reporteros debían compartirlos y lo usábamos cuando necesitábamos buscar algo, luego lo desocupábamos (volviendo a nuestras antiguas computadoras) cuando era hora de hacer el trabajo de redacción de textos. Uno de mis colegas pasaba la mayor cantidad de tiempo en línea posible y, cuando encontraba una buena pieza de información, gritaba por toda la sala de noticias y corría a decírselo a nuestro editor. Ella se emocionaba y en realidad lo consideraba a él como el mejor reportero del equipo. La información era la divisa de la sala de noticias y él era quien la proporcionaba.

Así que tu trabajo es identificar cuál es la divisa que puedes intercambiar, que le interesa a las personas que quieres influenciar. El problema de la información en estos días es diferente, hay demasiada para digerir. Así que, en lugar de correr por la sala de noticias para dar una actualización, es muy probable que tu ventaja competitiva esté en pulir la información, encontrar fuentes interesantes que han sido pasadas por alto o combinar piezas de información y encontrar significado en ellas. Ya sea que se trate de crear un blog o un boletín electrónico que te posicione como un eje de información, organizar una serie de oradores o encabezar una iniciativa de varios departamentos en tu compañía, hay maneras de hacer conexiones, obtener control de los recursos y logra visibilidad y prominencia, así no estés comenzando a partir de lo que los demás reconocerían como una base de poder obvia.

Aprovecha las acciones simbólicas

Una de las formas más importantes en las que puedes cimentar tu marca personal y darle un significado real es estar en la búsqueda de oportunidades simbólicas. En el momento crítico, ¿estás defendiendo lo que dices creer? Esa fue la pregunta que enfrentó al empresario de hotelería Chip Conley.

Hace más de dos décadas, con tan solo veintiséis años, Conley compró un deteriorado motel en una sórdida zona de San Francisco y lanzó su compañía, la cual llamó de manera optimista: Joie de Vivre. Pero, a pesar de sus peculiares comienzos, logró hacerla crecer hasta ser el segundo hotel boutique más grande en los Estados Unidos. En el proceso, desarrolló la piedra angular de su filosofía de administración, la cual se concentraba en crear un entorno que permitiera que los empleados se sintieran cómodos y fueran ellos mismos. Es un gran sentimiento. Para lograrlo, Conley decidió que debía ser el que marcaba la pauta. "Si puedo ser honesto, vulnerable y auténtico en mi manera de presentarme al interior y fuera de mi compañía", me dijo, "esa es una herramienta útil para que los demás entienda que todos pasamos por tiempos difíciles... Cuanto más creamos una separación entre la imagen pública y la realidad privada, más creamos disfuncionalidad".

Él comenzó siendo abierto respecto a su sexualidad. "Para los hombres gays, esa es una posición poco común en muchas corporaciones, porque el estereotipo es que son débiles y no son competitivos", dice. Pero decidió usar su identidad como fuente de fortaleza. "Comencé a hacerlo mucho antes de que fuera de moda ser más abierto en lo emocional y empático como alto ejecutivo, en parte porque, si eres gay o lesbiana, necesitas determinar cómo entrar a una sala y sentirte cómodo en un entorno donde sientes que eres diferente. Eso te ayuda a tener empatía con otras personas, a entender qué se siente ser otro".

Conley también aprovechó la oportunidad para defender la expresión propia de manera abierta y pública. Después de asistir al Festival Burning Man un año (el popular y a veces desenfrenado festival de artes en el desierto de Nevada) publicó en Facebook imágenes de sí mismo sin camisa usando un pareo y un tutú. Nunca pensó que las imágenes tendrían gran impacto. No era obscenas ni siquiera subidas de tono, pero tampoco se conformaban a la típica imagen de un Director Ejecutivo. Algunos miembros directivos de su personal le aconsejaron quitarlas. Él dijo que no lo iba a hacer.

"Quitar mis fotografías en cierto modo era decir que algo estaba mal conmigo, que debía sentirme avergonzado de lo que había hecho y no era así", me dijo. "Nuestra declaración de misión es crear la oportunidad para celebrar el gozo de la vida y eso es lo que estábamos haciendo allá". Cuando un periodista escuchó la historia y le pidió que escribiera una entrada de blog acerca de la controversia, eso despertó la atención en todo el mundo. (Él dice que la reacción fue 80%, 20% negativa). "Llegué a comprender que era otra oportunidad para ser auténtico en la vida". Muchos dijeron: 'de verdad apreciamos el hecho de que seas quien eres'".

Él cree que esa experiencia y su énfasis general en una cultura de apertura arrojan dividendos para Joie de Vivre. "Ser auténtico y vulnerable me ayuda, y ayuda a que los demás sean vulnerables conmigo", dice. "Si crees que tu jefe está por encima de las emociones, por encima de tiempos difíciles... entonces eso hará que sientas que eso es lo que debes ser. Y, si ellos sienten que 'no puedo hacer eso', eso elimina su capacidad de vivir con todo su potencial".[1]

Muchas compañías afirman la importancia de "actualización propia de los empleados" o dicen tener un entorno emocionalmente abierto. Pero la experiencia de Conley muestra la importancia de los gestos audaces y memorables. Es por eso que los Directores Ejecutivos que son intencionales en crear cambio a menudo hacen cosas como eliminar los baños para ejecutivos o vender la colección de arte de la compañía. En una corporación de varios miles de millones de dólares, un baño de mármol o un impreso de Andy Warhol no harán mucha diferencia. Pero los símbolos grandes que llaman la atención sí permanecerán en la memoria de las personas y eso influirá en sus percepciones generales. Un gesto bien escogido puede llegar a definir toda tu marca, así como la transparencia de Conley llegó a encarnar lo que es Joie de Vivre.

Al luchar en medio del bullicio diario, para que tu reinvención sea reconocida, debes elegir los momentos de mayor ventaja táctica. Debes asegurarte de que tu nueva identidad sea notoria. Eso puede implicar cultivar los defensores y validadores correctos. Quizás signifique asegurar que llegas al equipo de proyecto correcto o que encuentras un camino escondido a la información o la influencia. Incluso puede significar, como Chip Conley, entender cuándo tus acciones en determinado momento hablarán mucho acerca de quién eres y lo que quieres ser. Más importante aún, eso significa entender que no puedes limitarte a hablar de tu nueva identidad solo una vez y asumir que los demás ya comprendieron. En lugar de eso, tu reinvención es un proceso y una oportunidad constante de demostrar quién eres y qué puedes hacer mejor.

RECUERDA:

» El estatus a menudo se transfiere entre dominios. Si has construido una reputación en un campo, quizás puedas aprovecharla en tus nuevas áreas de interés (como lo vemos con las estrellas deportivas o financistas que entran a la política, o estrellas de Hollywood que se vuelven filántropos).

» Piensa en maneras sutiles de presentar tu nueva marca y mostrar credibilidad. Puedes mostrar diplomas y otros premios en tu oficina, enviar correos de presentación antes de encontrarte con alguien mencionando tu experiencia en determinado tema o usar tu firma de correo electrónico para comunicar afiliaciones importantes.

» Comprende que la impresión que estás generando puede ser diferente a lo que crees. Apóyate en colegas de confianza para que te evalúen, porque lo que importa es el mensaje que los demás están recibiendo, no lo que crees que estás comunicando. Ajústate de manera consecuente.

» Hacer un pacto con un colega para hablar bien el uno del otro puede ser una manera importante de generar validación de terceros para tu nueva marca.

» Ve a donde está la acción. Cuando tengas dudas, migra a las partes de tu compañía donde se controla el dinero, los recursos o donde está la atención de tus líderes, allá te notarán más rápido.

» Aplica lo que predicas. Si dices ser transparente y la honestidad es importante para ti, está dispuesto a compartir tu realidad sin maquillaje.

CAPÍTULO 10

Demuestra tu valor

S iempre me han impresionado los diseñadores gráficos y web. Cuando buscaban trabajo, pueden simplemente sacar su portafolio y mostrarles a los potenciales empleadores ejemplos claros y concretos de lo que hacen. Si a la empresa le gustan los logotipos, sitios web o informes de muestra que tienen enfrente, el empleo es de ellos. Pero para la mayoría de trabajadores de conocimiento, la tarea era más difícil. ¿Cómo podrías demostrarle a un desconocido de qué eres capaz? Todo eso ha cambiado con el internet. Ahora no vale nada publicar tu propiedad intelectual y tampoco hay excusas para no hacerlo. En este capítulo hablaremos de:

- Crear tu portafolio
- Cómo encontrar el medio adecuado para ti
- Cómo crear relaciones en línea y cómo convertirlas en conexiones en la vida real.
- Cómo evitar que las redes sociales tomen control de tu vida
- Cómo construir tu reputación en el mundo real

Cómo crear tu portafolio

Una poderosa herramienta para cualquiera es desarrollar tu propio contenido, es decir, propiedad intelectual. De hecho, en un mercado saturado en el cual trabajas horas extra para establecer tu nueva marca, una estrategia esencial es mostrar tu conocimiento y opiniones, conectarte con partes interesadas (que estén consumiendo tu material), y establecer una reputación experta (porque las personas que son citadas y dirigen el discurso de cualquier industria son las que tienen una filosofía claramente establecida y escrita). También es la mejor manera de superar cualquier objeción que puedas enfrentar como "reinventor de marca". Tus antiguos colegas podrán preguntarse cómo un oceanógrafo puede convertirse en un banquero inversionista, cómo puede un instructor de tenis llegar a ser un vicepresidente de ventas o cómo puede un ingeniero volverse la cabeza de recursos humanos. Esta es tu oportunidad de dejar que las personas te juzguen según la calidad del material que produces y no en tu historia pasada o credenciales.

Después de todo, cuando alguien llega a tu página web, se verá seducido con contenido convincente y reflexivo que disipará cualquier duda. Es más, estarás enviándole correos electrónicos con enlaces relevantes, ("Jeremy, recuerdo que estabas hablando de los desafíos con tu equipo de ventas el mes pasado, aquí hay una publicación que escribí que podría ser de tu interés"). También estarás promoviendo tu contenido por canales de redes sociales para que, cuando alguien se pregunte a qué te dedicas, la clara respuesta sea "sacudiendo tu nuevo campo".

Un tipo similar de reinvención impulsada por contenido fue la que lanzó a Brian Clark (no somos familia) a una nueva e influyente carrera. Clark comenzó el grandísimo y popular sitio web *Copyblogger*, el cual explica cómo mejorar tu sitio web y las ventas que este genera mediante la creación de contenidos mejores y más interesantes. *Copyblogger* se ha convertido en una herramienta de referencia para empresas e individuos que desean impulsar su presencia en línea. *Advertising Age* la clasificó como la tercera en su lista Power150 de los blogs de mercadeo más importantes y *The Guardian* lo nombró como uno de los 50 blogs más poderosos del mundo. Así que tiene completo sentido que haya sido iniciado por un... ¿abogado? "Detestaba ejercer el derecho", explicó Clark en una entrevista en internet, "y estaba fascinado por la internet. La transición fue extrema, supongo, pero siempre había sentido algo hacia la escritura, así que comencé a crear contenido en línea hace más de una década. Ahora solo es parte de mí".

Sus palabras son contundentes. Hoy nadie duda del conocimiento de Brian Clark acerca del mercadeo en línea. Pero retrocede una década: ¿no tendrías dudas acerca de recibir consejo de un abogado desconocido? Así que Clark puso en práctica la teoría del cambio de marca. No saltó de inmediato de la sala del tribunal a expresar sus opiniones sobre técnicas de redacción. En lugar de eso, se tomó el tiempo de aprender y practicar las habilidades que necesitaba. Se convirtió en un emprendedor en serie, construyendo tres empresas ajenas a internet, pero promoviéndolas usando el internet. En el proceso, adquirió entendimiento acerca del contenido que más atraía a los consumidores y cómo debía expresarlo.

Para cuando lanzó *Copyblogger* en el año 2006, Clark sabía qué llevaría a las personas a hacer clic, y ha desarrollado una gran cantidad de seguidores con un flujo constante de publicaciones sobre temas que obsesionan a cada mercaderista en línea, desde "Cómo conseguir más subscriptores para tu lista de correos" hasta "Cómo escribir titulares que funcionen". Clark adquirió las habilidades necesarias y construyó una narrativa para sí mismo (de abogado a emprendedor y de emprendedor a experto de mercadeo en línea), Pero lo más importante fue que construyó un portafolio para que las personas lo vieran. Gracias a sus publicaciones en *Copyblogger*, ha provisto perspectivas y valor a otros, y al mismo tiempo se ha comercializado a sí mismo y a sus productos entre un enjambre de clientes ansiosos.

Si tienes menos conocimientos de tecnología, puedes considerar la posibilidad de optar por dejar el mercadeo en línea e irte por los métodos más tradicionales. Yo diría que es obligatorio usar ambos canales, evadir el mundo en línea puede causar serias consecuencias involuntarias. En una ocasión, hice una consultoría para un cliente que estaba contratando un alto ejecutivo y el candidato principal era un hombre en sus cincuenta que había trabajado varios años en una pequeña firma. Sorprendentemente, había dejado tan poco rastro en línea que mi cliente se mostró muy preocupado, porque de alguna manera podría estar falsificando sus credenciales, y solo se tranquilizó después de largas conversaciones con sus referencias.

Cómo encontrar tu medio

Bloguear es una de las mejores maneras de llevar tu propiedad intelectual afuera, a un mundo más abierto. Es prácticamente gratis (puedes pagar por el nombre de tu dominio y tarifas de hosting con el dinero que gastas en Starbucks) y no requiere ningún equipo lujoso o entrenamiento; si no tienes mucho tiempo, puedes hacer tus publicaciones en una sala de aeropuerto o en el tren mientras te desplazas hacia o desde el trabajo. Sin embargo, hay que admitir que esa no es la respuesta para todos. Brian Clark siempre amó escribir, y algunos de los mejores blogueros (como Andrew Sullivan, quien maneja "The Dish" para Daily Beast) comenzaron sus vidas como periodistas y están acostumbrados a publicar contenido con fechas límites. Pero, ¿qué si no eres un gran escritor? En ese caso, deberías hacer como Gary Vaynerchuk, un emprendedor que convirtió la licorera de su familia en un imperio en línea a través de blogs en video.

Aunque Vaynerchuk pensó en crear un blog tradicional, escribir no era su fuerte. Si estás seriamente comprometido con construir tu marca (y las publicaciones en blogs, las cuales requieren de actualizaciones frecuentes y consistentes, sin duda califican), no elijas un medio que te llene de pavor, porque vas a terminar cayendo del vagón en muy poco tiempo. Después de todo, ¿quién quiere levantarse todos los días lleno de pánico respecto a qué escribir ese día? Una pantalla en blanco puede ser horripilante si escribir no fluye con naturalidad. Así como los entrenadores físicos te sugieren escoger un ejercicio que disfrutes (sé que iré al gimnasio más seguido si voy a jugar squash que si me obligan a usar una caminadora), deberías encontrar una manera de expresarte que sea divertida y fácil para ti. En otras palabras, juega con tus fortalezas.

Eso fue lo que hizo Vaynerchuk cuando creó *Winelibrary.tv*. Él es un apasionado y carismático conferencista, lo cual llegó a ser una ventaja competitiva en el muy presumido mundo de los vinos. Él aprovechó su talento natural y construyó una audiencia de seguidores mediante consistencia y arduo trabajo, publicando mil episodios web diarios hasta que se retiró del programa en el 2011.

Los blogs de video son especialmente útiles para construir tu marca mediante la optimización de motores de búsqueda (es decir, tener mejores puntajes en los resultados de búsqueda en línea). En el año 2006, Google compró YouTube y, por obvias razones, desde entonces ha estado emocionado por promover videos. Ahora que el acceso a banda ancha está más disponible, es claro que los videos en línea están siguiendo una trayectoria de crecimiento, donde el *streaming* por internet está captando las ganancias de las cadenas de alquiler de video como Blockbuster. Con ese fin, Forrester Research descubrió en 2009 que Google priorizó de forma dramática el video sobre las páginas de internet tradicionales basadas en texto. De hecho, los videos eran 53 veces más propensos a salir en la página principal de una búsqueda de Google.[2] De modo que, si estás buscando diferenciarte y construir una poderosa marca en tu tema de elección, un buen comienzo es hacer muchos videos.

Afortunadamente, el precio ya no es una barrera. La mayoría de los teléfonos inteligentes hoy en día tienen capacidades de video en alta definición, algo muy conveniente si quieres grabar algo interesante en pocos minutos. Sin embargo, para una serie continua de videos, quizás debas invertir en dos elementos que te ayudarán a crear una mejor experiencia para la audiencia. La primera es un trípode (puedes comprar uno específico para tu teléfono). La audiencia puede soportar algo de movimiento en la imagen, en especial si solo estás produciendo un pequeño clip. Pero si planeas un video largo, debes dejar muy en claro que no estás recreando *El proyecto de la bruja de Blair*. Compra un trípode que sostenga la cámara en su sitio, relaja los brazos y asegúrate de captar una imagen estable. Lo segundo es un micrófono externo (a veces se encuentran unos inalámbricos, dependiendo del tipo de videocámara estés usando). Uno de los más grandes desaciertos de videos en línea es la mala calidad de audio, lo que hace que algunos videos se vuelvan prácticamente imposibles de ver, sin importar qué tan interesante sea el contenido. Debes asegurarte de que las personas puedan escuchar lo que tú o tus entrevistados están diciendo y un micrófono externo garantiza un sonido nítido.

Otra opción interesante para quienes no se sienten cómodos frente a una cámara es crear una serie de programas en audio o podcasts, algo que también tiene mínimos costos iniciales. En realidad, podrías irte al otro extremo y alquilar un estudio de grabación si la calidad técnica es esencial para ti. (Un amigo mío dirige un negocio que crea podcasts para grupos musicales de alto nivel que tienen que sonar perfecto). Pero la mayoría de nosotros no requerimos de ese nivel de inversión. Tres de mis técnicas favoritas son: grabar entrevistas telefónicas con expertos interesantes, hablar en un monólogo con un micrófono externo conectado a mi computadora o simplemente grabar una de mis charlas a un público como la Cámara de Comercio o una asociación de profesionales. Puedes editar los archivos digitales usando software gratuito y poniéndolo en línea. Para aumentar tu visibilidad y facilitar la descarga de los oyentes, también puedes asegurarte de que tus podcasts estén disponibles a través de iTunes.

Tu mezcla de multimedia

Si te estás sintiendo especialmente creativo, también puedes intentar diversas opciones de multimedia. Ese ha sido el enfoque de Dave Cutler, el aspirante a profesional de mercadeo, que obtuvo un mini-MBA en Rutgers y emitió su búsqueda de empleo a través de redes sociales, obteniendo cobertura del *Boston Globe* y afiliados locales de Noticias Fox y NPR por su uso de técnicas innovadoras. "Ha habido un gran cambio y la verdad es que los posibles empleadores te van a examinar a través de los canales de redes sociales, así los promuevas o no", dice Cutler. "Sin duda, a la persona que está buscando un empleo le corresponde mejorar su perfil a través de esos canales para que den un buen reflejo de lo que es. Además, es una manera de demostrar conocimiento, creatividad y de agregar un poco más de personalidad".

Entre sus estrategias únicas, Cutler creó su propia aplicación para teléfonos inteligentes en la cual agrega su blog, sus tweets y videos, un tesoro de información para cualquier posible empleador. También desarrolló una sede de la "Búsqueda de trabajo de Dave Cutler" en *Foursquare*, el sitio web de redes sociales basado en ubicación, el cual chequea con regularidad. Puesto que *Foursquare* se enfoca primordialmente en verificar las ubicaciones físicas tales como como bares o restaurantes, resaltar su búsqueda de empleo es como una sorpresa intrigante. Él dice que "es un canal un poco más silencioso que Twitter", por lo cual su mensaje llama la atención. "Amigos míos con los que estoy conectado en *Foursquare* lo han visto y eso ha creado referidos potenciales".

Por último, él creó hojas de vida en video, donde demuestra sus habilidades y personalidad. También dice: "entre más puedas mostrar a posibles empleadores quién eres y demuestres tu conocimiento de la industria en la cual quieres trabajar, mejor". "Ellos quieren estar seguros de que te adaptas a la organización y que tu personalidad se adapte a ella". Él ha notado que los videos pueden ser un rompehielos porque los empleadores tienen más información acerca de él al entrar: "La semana pasada tuve una entrevista telefónica y la entrevistadora dijo que vio mi video y vio que tengo dos niños pequeños, una esposa y un perro. Ella dijo: 'Si tienes que asistir a un juego de Pequeñas ligas, entendemos muy bien eso siempre y cuando cumplas con tu trabajo'". Como lo demuestra la experiencia de Dave, crear un buen contenido y encontrar formas innovadoras de compartirlo sigue siendo tan inusual que es una clara ventaja competitiva.

Construyendo relaciones en línea

Otra meta que puedes alcanzar mediante la actualización de contenido es crear redes y construir relaciones en tu campo. A menudo, puedes entrevistar a los mejores pensadores para tu blog o podcast.

Puede ser desafiante superar los círculos de seguridad en los campos llenos de celebridades como lo es el entretenimiento o los deportes, pero si los pesos pesados de tu industria no son conocidos por el público general, por lo general suelen ser accesibles.

Eso es muy cierto si están en medio de una campaña de promoción de un libro (sus editores no quieren que rechacen una sola oportunidad para impulsar las ventas) o, por el contrario, si han pasado algunos años desde el lanzamiento de su libro mejor vendido (porque la cantidad de solicitudes de los medios se han reducido de manera precipitada). Las entrevistas con líderes de opinión, críticas perspicaces de sus libros o referencias a ellos en tu trabajo te posicionan como colega y alguien que vale la pena conocer.

Hace un tiempo escribí una pieza para *Huffington Post* acerca de "Por qué tu marca personal no debe ser tu marca corporativa". Hacia el final del artículo, presenté un ejemplo de marca personal fuerte del gurú de la productividad. Escribí: "Puedo leer *Getting Things Done* (*Haciendo el trabajo*) como cualquier otra persona, pero en realidad quisiera que David Allen viniera a mi oficina y me dejara armado el sistema". Imaginen la sorpresa cuando, uno o dos días después, el mismo David Allen me envió un correo de agradecimiento. Desde entonces, hemos hablado por teléfono, enviado correos y hemos mantenido el contacto. Las personas ven lo que escribes más de lo que te imaginas, y el crear buen contenido te pone aparte del resto y da a las personas un motivo para contactarte.

Así que comienza a hacer tu lista: ¿con quién quieres conectarte de tu industria? Por ejemplo, si eres diseñador, ¿cómo puedes hacerte amigo del decano del prestigioso Instituto de Diseño de la Universidad de Standford (también conocida como "the d.school") o con el director de IDEO? Lee sus libros y artículos para que puedas referenciarlos, ten presente cuándo van a lanzar nuevas publicaciones y comunícate con los editores para pedirles una copia para dar tu opinión. Cuando te sientas listo, solicita una entrevista, en especial cuando estén en una gira promocional, y más aún si están en tu ciudad (sin duda, las entrevistas en persona marcan una mejor impresión en cuanto a la construcción de relaciones). En un mundo de Notas Cliff y resúmenes escritos por pasantes, les impresionará que has leído sus publicaciones y que tengas una serie de preguntas pensadas.

Por último, crear contenido te ayuda a presentarte ante nuevas audiencias. Publicar contenido en tu propio blog vale la pena, pero puede ser difícil atraer lectores (la mayoría de los blogs son leídos por tu mamá, tu mejor amigo y un par de personas en Pakistán). En especial, si te estás enfocando en un tema de negocio de nicho, y a menos que planees hacer un video blog en bikini, tus números tenderán a ser bajos. Entonces, ¿cómo aumentas la cantidad de lectores y te das a conocer fuera de tus círculos sociales actuales? Dos estrategias exitosas son ofrecerte a hacer publicaciones invitadas en otros blogs y afiliarte con publicaciones mediáticas reconocidas.

Cómo encontrar tu audiencia

Si has hecho suficiente investigación, quizás estés familiarizado con las luces de guía en tu industria. ¿Cuál nombre está en boca de todos? ¿Quién establece el tono del debate? ¿Las publicaciones de quién están dando de qué hablar? Es probable que ellos también estén bajo presión de crear un hilo constante de contenido interesante y provocativo, pero al enfrentar a una banda ruidosa de lectores de opinión, su nivel de estrés debe ser más alto. Ahí tú puedes ir al rescate. Familiarízate con su blog. Mira qué tan largas son sus publicaciones promedio e identifica los temas que parecieran ser más cautivantes para sus lectores. Luego, contáctalos por correo electrónico con una propuesta clara y ofréceles ayuda. Ramit Sethi, autor del libro éxito en ventas *I Will Teach You to Be Rich* (*Te enseñaré a ser rico*), es un gran promotor de publicaciones invitadas en blogs, indicando en un artículo que su participación en el blog *4-Hour Workweek* de Tim Ferris y en el popular blog *Get Rich Slowly*, resultó en "cientos de miles de nuevos lectores, decenas de cientos de nuevos subscriptores de correo y miles de libros vendidos".

Sethi, quien también acepta publicaciones invitadas en su propio blog, comparte los siguientes consejos que aplican para casi cualquier blog en el que quieras participar:

- Envía al blog en el que quieres publicar una breve lista de ideas en viñetas, lo cual permitirá elegir el tema más relevante para los lectores.

- Incluye un enlace a algunos ejemplos de escritura (para esto, ya debes tener tu propio blog), para que puedan asegurarse de que tus habilidades literarias son las correctas.

- Asegúrate de que tu entrada este llena de "Investigación, gráficos, datos y citas de expertos, no tu opinión". Sethi dice, "es fácil escribir lo que piensas. Es mucho más difícil producir datos que sustenten un argumento".

- Haz que sea fácil formatear tu publicación de forma correcta para el blog, de modo que pueda ser publicado sin más trabajo adicional.

Después, querrás explorar la posibilidad de hacer blogs o escribir artículos para medios prominentes. Es posible que los lectores no lleguen a los sitios web de negocios más importantes buscándote a ti, pero, si disfrutan de un artículo tuyo que encontraron por casualidad, es probable que visiten tu sitio web, te comiencen a seguir en Twitter o se involucren. Haz una lista de publicaciones importantes en tu industria y mira cuáles tienen entradas de otros contribuyentes y envía tu solicitud. (Los grupos comerciales de la industria también suelen estar ansiosos por las ofertas de blogs y boletines y son una excelente forma de llegar a tu público objetivo). Tendrás que ser persistente, los editores suelen estar abrumados por los posibles contribuyentes, pero esto vale la pena por la exposición que se logra.

Esta estrategia le funcionó a Kathleen Kelley Reardon, una profesora de administración en la Escuela de Negocios de Marshall en la Universidad de California del Sur. Temprano en su carrera, encontró un desafío. Su experiencia en comunicación de negocios no era muy respetada por sus colegas tradicionales que vivían obsesionados con los datos y quienes determinarían si ella obtendría un cargo como profesora titular.

En su libro *It's All About Politics: Winning in a World Where Hard Work and Talent Aren't Enough (Todo se trata de política: cómo ganar en un mundo donde el trabajo duro y el talento no son suficientes*), escribió: "Publiqué en los principales diarios de comunicación, pero esos no eran los que leen muchos profesores de negocios... Sin embargo, insistir en que las revistas de mi campo eran tan buenas como las respetadas por los profesores de finanzas o quejarme de que los criterios de promoción eran injustos y estaban sesgados no habría ayudado. Lo que debía hacer era elevar mi valor a la Escuela Marshall". Así que se embarcó en una campaña para llegar a *Harvard Business Review* y a otras de las revistas de negocios más principales que sus colegas valoraban, y para escribir libros que recibían publicidad significativa. Su estrategia funcionó y, a pesar de la renuencia inicial de sus colegas, se convirtió en profesora titular.

Intenta esto

- Crea una lista de temas potenciales de blog y mantenla actualizada mientras se te ocurren nuevas ideas. Puedes comenzar tu lista pensando en las preguntas que las personas suelen hacer acerca de tu campo, el impacto de nuevas tecnologías, las cosas que la mayoría de personas no entienden o malinterpretan acerca de tu campo, secretos para el éxito que hayas observado en tu industria, etc.

- Crea una lista de al menos media docena de publicaciones que importan en tu industria. Entra a internet y busca el nombre y dirección del editor. Haz una nota en tu calendario para contactarlos en tres meses después de haber hecho un buen grupo de videos de tu propio blog para introducirlos con una oferta.

- Programa tus redes sociales. Pasa un par de fines de semana publicando contenido para tenerlas listas. Programa tus publicaciones para cargarlas con intervalos predeterminados; si te llenas de trabajo y pierdes una o dos semanas, tendrás suficiente material que te cubra.

Cómo evitar que las redes sociales tomen control de tu vida

Cuando doy charlas, una de las preguntas más frecuentes de los aspirantes a constructores de marca tiene que ver con la frecuencia de las publicaciones. ¿Cuánto es suficiente? Y ¿cómo evitas que las redes sociales tomen control de tu vida? (Sin duda, sería fácil pasar cada minuto de tu día dándole "me gusta" a cosas en Facebook y monitoreando el infinito flujo de tweets). Gary Vaynerchuk se hizo famoso por su dedicación a responder cada correo de sus seguidores; en su primer libro, *Crush It!* (¡*Aplástalo*!), le atribuyó su éxito a pasar despierto todas las horas de la noche escribiendo comentarios en los blogs de otras personas, publicando sus videos en todas partes en la web (no solamente en sitios populares como YouTube) y literalmente construyendo su base de seguidores una persona a la vez. ¿Entonces debes entregar tu vida a la luz azul parpadeante? No necesariamente.

Tim Ferriss ciertamente no lo hace. De hecho, él publica en su muy popular blog máximo una o dos veces por semana y, a veces, se tarda hasta dos semanas. ¿Por qué? El cree que publicar con menos frecuencia de hecho le ayuda a su blog. "Permite que los comentarios se acumulen", explicó en una entrevista con el sitio web *Problogger*, "lo cual refuerza la percepción que tu blog es popular. También da espacio para concentrarte en la calidad, lo cual genera popularidad y fidelidad. La gente tiene mucha información basura que se les impone, así que yo solo quiero agregar una buena pizca de diversión y educación cuando tengo algo que vale la pena decir... Por último, si bien no menos importante, toma un tiempo que las publicaciones se propaguen por la web, y la mayoría de las personas simplemente te rastrean hasta tu más reciente publicación, así que, dejar una publicación en "la primera posición" por unos días ha sido una táctica importante para mí".

El gurú del mercadeo, Seth Godin, publica siete días a la semana, pero no porque crea que es un número mágico. Más bien, le dijo a *Advertising Age*, "veo que al día tengo alrededor de seis ideas que se pueden publicar en un blog. También me doy cuenta de que escribir publicaciones dos veces más largas no aumenta la comunicación, por lo general la disminuye. Y, por último, encontré que las personas se ponen ansiosas si hay publicaciones sin leer en la lista de espera. A eso se debe el compromiso diario".[6] Así como Ferriss y Godin lo indican, tu frecuencia de publicaciones la determina el material de alta calidad que tengas disponible. La recomendación que suelo dar a mis clientes es que deben publicar lo suficiente para hacer que las personas vuelvan de forma constante (para que el blog no parezca abandonado), pero no tanto que se convierta en una rutina inaguantable para ti y para tus lectores. Por lo general, eso significa escoger una frecuencia entre máximo uno diario y mínimo dos al mes, con la mayoría de personas haciendo en promedio de uno a tres semanales.

Cómo programar tu camino a la cordura

La otra estrategia que me salvó de enloquecerme fue programar tweets por adelantado usando un servicio como el de TweetDeck o Hootsuite. Algunos podrán debatir que programar tweets es un anatema a la ética de Twitter en cuanto a la interacción en tiempo real, sumergirse en el hilo y retuitear historias interesantes, enviar mensajes directos a tus contactos, interactuar con seguidores y responder a la noticia del día. Es bueno hacerlo para mantener las cosas reales y es un elemento importante si decides hacer de la ubicuidad de las redes sociales tu estrategia exclusiva de mercadeo, como lo hizo Vayernchuk. Sin embargo, eso no es lo más práctico para las personas la mayoría de las veces. Cualquiera que lea un libro de productividad sabe que Twitter es un agujero negro que, con facilidad, puede tragarte en su vértice, y es por eso que debes tener un plan.

En cuanto a los blogs, animo a mis clientes a tener una presencia base en Twitter que muestre que estás participando y manteniéndote al tanto de lo que sucede. Con todo, aunque sea muy divertido para ti y se convierta en tu pasatiempo preferido, debes buscar minimizar el tiempo que pasas en él. Haz una o dos publicaciones por día y te verás perfectamente respetable. Algo bueno puede llegar a ser excesivo: la gente que lanza tuits quinientas veces al día son impresionantes, pero también se arriesgan a cansar a sus seguidores. Estos son los pasos para tener presencia en Twitter sin dolor:

- Separa una tarde de tu calendario para pensar en una lista de tweets (por ejemplo, una o dos frases con píldoras de sabiduría). Con frecuencia, puedo sacar cien o doscientos en un par de horas. Estos deben ser consejos, perspectivas, recomendaciones que establecen tu experiencia en tu campo de elección (no el tipo de publicaciones que suelen ser objeto de burla como: "Acabo de comprar mi McMuffin de huevo"). Algunos ejemplos de mi hilo de Twitter, que se enfoca en mercadeo, manejo de marca y estrategias de negocio incluyen:

  — ¿Cómo crear ruido? Piensa en el mercadeo mientras diseñas el producto, no después.

  — ¿Has tomado café con tu reportero local? Si no, invítalo hoy.

  — ¿Pueden todos en la organización enunciar tu misión? Pruébalos.

- Abre tu cuenta de programación y programa tus publicaciones con un mes de antelación para que no tengas que preocuparte por qué publicar en determinado día. (Es difícil pensar en un peor uso del tiempo que estresarse por no saber qué escribir en una publicación de 140 caracteres que vas a enviar en determinado día mientras debes atender reuniones, cumplir con plazos y trabajo real).

- Una vez al día, por cinco minutos, visita tu cuenta de programación para ver si debes responder mensajes.

- También puedes revisar las publicaciones de las personas que sigues (lo ideal es que sean líderes de opinión que te gustaría imitar y conectar en tu industria) y retuitear material interesante. (Retuitea lo suficiente y tendrás más oportunidades de salir en su pantalla de radar, en especial si no están aún en la categoría de súperestrellas con cientos de miles de seguidores. Bajo estos parámetros, una buena tradición de Twitter es el "viernes de seguidor", en donde cada semana promocionas cuentas de Twitter que valen la

pena recomendar a otros). También puedes utilizar esta revisión diaria para actualizar tu lista de publicaciones y cosas
para agregar a nuevas entradas de blog que hayas escrito.
Si ves que estás perdiendo la percepción del tiempo y no
te puedes mantener el límite de cinco minutos, opta por
visitar tu cuenta de programación tres veces a la semana; si
esperas un día para responder un mensaje, por lo general
no te hará daño.[7]

¡Captura esos datos!

Otro factor clave a considerar para asegurarte de que las redes
sociales no consuman tu vida es que necesitas un sistema para captar
ideas, de modo que, cuando Forbes te pida que escribas una entrada como invitado, no estés golpeándote la cabeza mientras intentas
crear contenido. Estas son algunas de mis estrategias:

- Capturar ideas en mi teléfono inteligente. Si estás prestando atención, el simple hecho de vivir tu vida de dará suficientes ideas. Durante una travesía infructuosa para comprar medias en el centro de Manhattan, soñé con una idea
de crear una entrada acerca de "los límites de la serendipia",
es decir, a veces quieres buscar, deambular y estar expues-
to a cosas nuevas... y otras veces solo quieres comprar tus
medias, así que debes crear sistemas que te permitan ser
eficientes cuando necesitas serlo. Quizás lo habría olvidado todo después de calmarme y cuando mi presión arterial
bajó ante la furia que despertó en mí el bizarro diseño de la
tienda Macy's. Pero en lugar de eso, gracias a una nota que
grabé en mi celular, pude canalizarlo todo hacia una obra
maestra de blog. (Al parecer no soy la única que archiva
ideas en un iPhone; *The New Yorker* reporta que a la can-
tante pop Taylor Swift le gusta capturar melodías usando
notas de voz).

- Cómo mantener un archivo de ideas. Mantener ideas en tu
celular o en el calendario es excelente por un tiempo, pero
puedes llegar a perder el rastro. Es por eso que cada par de

semanas transfiero mis ideas a un archivo maestro llamado "Temas de blog". En este momento, tiene cuarenta y siete páginas y creo que me dará suficientes ideas para seguir escribiendo hasta mi jubilación.

- Comienza con el título. ¿Todavía te cuesta salir con una idea ganadora? Por lo general, comenzar con el título puede ayudarte a estructurar tu publicación y asegurarte de mantenerte enfocado en el tema. Brian Clark de *Copyblogger* sugiere "La técnica del titular *Cosmo* para inspiración de blogs". Toma una copia de la revista *Cosmo*, la cual ha perfeccionado el arte de los titulares irresistibles y adáptalos a tus propósitos. "Los 22 mejores consejos para las relaciones" se convierte en "Mis 22 mejores consejos para el diseño", según Clark. Mientras tanto, "Los chicos confiesan: mentiras blancas que ellos les dicen a las mujeres todo el tiempo" se transforma a "Agente inmobiliario se revela: las pequeñas mentiras blancas que les decimos a los clientes y cómo detenerse)".

Cómo construir tu reputación en el mundo real

Pulir tu presencia en internet es muy importante, porque más personas van a seguir tu vida y el desarrollo de tu carrera en línea que en persona (podrás tener mil amigos en Facebook, pero nunca tendrás tiempo de tomar café con cada uno de ellos y explicarles tus nuevas aspiraciones profesionales). A veces, ese toque de luz en línea está bien. Después de todo, como el sociólogo de Stanford Mark Granovetter lo descubrió notoriamente en su estudio, "la fortaleza de lazos débiles" (popularizado por *The Tipping Point*), más personas encuentran empleos por medio de conocidos que a través de amigos, porque las conexiones casuales pueden conectarlos en redes e información a la cual no tendrían acceso de otro modo. Con todo, para asegurar que tu nueva marca se extiende por lo ancho y a lo profundo, no puedes descansar solo en los métodos en línea.

Entonces, ¿qué medidas puedes tomar para demostrar tus habilidades en la vida real? Uno de los mejores, sugiere el consultor experto Alan Weiss, es involucrarse en la asociación profesional de tu campo. Eso te ayudará a establecer conexiones con otros profesionales (siempre es bueno para referidos, en caso de que no puedan cumplir con una tarea particular) y asegura que te mantengas al día con las últimas ideas sobre mejores prácticas. Pero aún más, dice Weiss, provee una oportunidad para construir visibilidad entre tus colegas y más allá. A mediados de los noventas, él acordó servir como presidente de la Asociación de Conferencistas Nacionales del capítulo Nueva Inglaterra. "Pensé que esos años haría menos negocios", me dijo, porque con su compromiso con la asociación tendría menos tiempo disponible para buscar más clientes. "Pero, para mi sorpresa, gané aproximadamente $250.000 dólares más en negocios. La visibilidad, de forma natural, se acumula y aunque no la busques, las personas vienen a ti para entrevistas y en busca de consejos. Tu visibilidad crece y tu marca crece".

El secreto, que muchas personas no reconocen, es que deberían ser agresivos en buscar un rol de liderazgo. "Mi consejo para las personas hoy", dice Weiss, "es: si te vas a unir a una asociación comercial o profesional, a cualquier asociación de voluntarios, ya sea que 'la entrada cueste centavo o un dólar', toma algún cargo de liderazgo, dirige un comité, encabeza un grupo de trabajo, sé un funcionario, pero no vayas a tomar asiento en silencio semana tras semana". Mientras la mayoría de tus colegas asisten a las reuniones con poco interés o para intercambiar tarjetas de negocios en la parte posterior del salón, tú puedes convertirte en un conector y en un corredor de poder, conociéndolos a todos y estando en el centro de la acción. Dirigir el grupo no solo significa que tienes una excusa para hablarle a todos, sino que ellos al mismo tiempo van a estar buscándote.

Comienza tu propio grupo

¿Tu asociación de comercio o Cámara de Comercio es aburrida, rígida o dirigida por un camarada impenetrable de la red de los viejos muchachos? Comienza el tuyo. Se requiere más trabajo y ambición empresarial para convencer a otros que dediquen de su tiempo a tu emprendimiento, pero si logras convencerlos de que las redes y el valor del contenido es suficiente, la recompensa también será mucho mayor. El Foro Económico mundial, que establece la agenda internacional cada año con su conferencia en enero en Davos, Suiza, no se creó desde lo alto. Un profesor de una escuela de negocios de Ginebra, Klaus Schwab, tuvo la idea y la hizo realidad. Ahora él es mucho más poderoso que la mayoría de Directores Ejecutivos, cuyas compañías pagan decenas de miles de dólares en membresías para hacer parte del club. (El presupuesto anual del foro ahora sobrepasa los $100 millones de dólares por año).

Un ejemplo poderoso, pero a menor escala, es Chris Brogan, un bloguero muy conocido y coautor del exitoso libro *Trust Agents: Using the Web to Build Influence, Improve Reputation, and Earn Trust* (*Agentes de Confianza: cómo usar la web para construir influencia, mejorar la reputación y ganarse la confianza*). (Quizás también lo puedes recordar como el impulsador de búsqueda de empleo de Dave Cutler). Brogan no comenzó con grandes conexiones inusuales o credenciales. De hecho, fue un desertor de la universidad que trabajaba como gerente de proyectos en una empresa de telecomunicaciones: un geek promedio que tuvo un temprano interés en publicaciones de blogs y podcasts. Hoy, con cientos de millones de blogs, es más difícil construir una audiencia. Pero siendo uno de los primeros en adoptar la práctica y estando comprometido, Brogan construyó seguidores para sus publicaciones regulares, de los cuales muchos buscaban explicar el nuevo fenómeno de las redes sociales y las mejores maneras de aprovecharlas. Él también adoptó la idea de una comunidad en línea y se volvió cercano a muchos otros blogueros (quienes, conectándose a sus publicaciones, ampliaron su marca).

En el año 2006, cuando Brogan colaboró en la organización de una reunión llamada PodCamp Boston, "donde los creadores de contenido novatos y avanzados en conjunto fueron a aprender más y compartir sus conocimientos acerca de la actividad de creación de blogs, blogs en video, redes sociales y otros", eso solidificó su reputación como líder y autoridad en estos campos emergentes. Cuando el concepto de PodCamp se viralizó y se expandió a otras ciudades como Pittsburgh, San Francisco, Atlanta y Copenhague en cuestión de tres meses desde el primer evento original, eso hizo que literalmente miles de otros productores de contenido se expusieran a la filosofía e ideas de Brogan (quien después podía bloguear y twittear sobre ello). Hoy, Brogan hace consultorías para compañías del listado Fortune 500 y se gana la vida como conferencista profesional, ganándose (para finales del 2011) $22.000 dólares mensuales.[8]

La dicha de hablar en público

Esto nos lleva a otra excelente manera de establecer tus credenciales en tu nueva área: hablar en público. Es claro que dar charlas no es para todos. Si la sola idea te hace estremecer, vale la pena hacer unas visitas a Toastmasters para superar tu ansiedad, pero quizás no quieres volverlo la piedra angular de tu mercadeo (¿para qué sufrir?). Con todo, si hablar en público es divertido para ti, entonces te representa la mejor situación posible en la que todos ganan.

Primero, te da la oportunidad para interactuar con un salón lleno de posibles clientes (o por lo menos recomendados) en una capacidad de experto. El reto más grande para cualquier profesional que comercie con ideas es que, con frecuencia, los potenciales clientes evalúan sus méritos. ¿Eres buen abogado? No estoy seguro, en realidad no puedo evaluar eso porque no he estudiado leyes. ¿Eres un buen estratega de mercadeo? ¿Cómo puedo saberlo si no te he contratado no he visto tus propuestas? Hay gran miedo al remordimiento de comprador. Después de todo, los clientes o posibles empleadores están pagando miles de dólares (o más) por un resultado incierto. Pero verte hablar es una manera rápida de aliviar esos miedos, porque pueden verte en acción, interactuar contigo en tiempo real (por medio de una sesión de preguntas y respuestas o hablar contigo al terminar) y obtener una idea de cómo sería trabajar contigo. Eso es algo que Twitter no te puede dar, sin importar lo ingenioso que sea tu contenido.

Segundo, tu credibilidad se mejora desde el primer momento por el respaldo implícito de la organización anfitriona. La Cámara de Comercio, el Club Rotario local o la Asociación de Ganaderos del

Suroeste no te traerían a para dar una charla a sus miembros si no creyeran que tienes algo importante para decir. Eso reduce la barrera para que los miembros de la organización te acepten como experto (y a su vez te contraten para más conferencias o para servicios de consultoría).

Tercero, el hablar te da la oportunidad de apalancar tu contenido. Además de las personas que alcanzas con tu mensaje en el auditorio, también tienes la habilidad de:

- Registrar tus observaciones. Puedes convertirlas en un podcast o posiblemente un CD o una descarga que puedas vender.

- Atraer la atención de los medios. Invitar al diario local o un canal de televisión (la televisión de acceso local por lo general necesita grabar buen contenido).

- Proveer contenido adicional para los miembros de las organizaciones. Puedes entregar un informe a manera de folleto y ofrecerle a la organización que lo reimprima en su boletín informativo (de hecho, así fue como terminé presentándome en lugares tan poco probables, pero excelentes, como el boletín informativo para la Asociación de Ejecutivos de la Cámara de Comercio de New Hampshire y QRCA Views, y la revista de la Asociación de Consultores de Investigación Cualitativa).

Logra que te agenden

En resumen, hablar en público es una manera poderosa y eficiente para promoverte a ti mismo y a tu marca (y, como con Brogan, si tu perfil llega a ser lo suficientemente robusto, hasta te pagarán por hacerlo). La manera obvia de programar charlas es trabajar con una oficina de oradores profesionales. Pero, por desgracia, ellos quieren trabajar con celebridades o profesionales cuyas marcas son tan conocidas, que las charlas prácticamente se venden solas. Si apenas estas comenzando a establecer tu nueva marca, es posible que debas hacer tu propio mercadeo. Para obtener algo de experiencia (acumular testimonios y quizás videos de muestra), comienza en pequeño y a nivel local. Tu Cámara de Comercio y Club Rotario suelen ser buenas apuestas, ellos con frecuencia necesitan oradores y, como no pagan, están más dispuestos a tomar riesgos en agendar un nuevo talento.

Con el tiempo, llegarás a hablar en asociaciones comerciales regionales y nacionales: un entorno lleno del tipo de clientes o posibles empleadores que quieres alcanzar. Para aprender más acerca de cómo entrar, mira los excelentes libros *Money Talks (El dinero habla)* y *Million Dollar Speaking (Charlas de un millón de dólares)* de Alan Weiss y adquiere una copia del *Directorio Nacional de Asociaciones Comerciales y Profesionales* de Columbia Books (o, mejor aún, búscalo en la biblioteca, porque cuesta varios cientos de dólares). Escribe una carta de consulta en donde cites tus credenciales y la conferencia de gran relevancia que puedes darle a sus miembros, eso a veces puede ayudar a entrar, pero la mejor manera es profundizar con tus clientes actuales, amigos y contactos. ¿En qué asociaciones y organizaciones están involucrados? ¿A quién te pueden presentar?

Una ventaja "cálida" es mucho más probable que resulte en un agendamiento exitoso, que es como llegué a dictar conferencias como la de la Asociación Internacional de Transportes Cercanos (un cliente que un miembro me recomendó), y la de la Convención Internacional de la Asociación Nacional de Periodistas Lesbianas y Gays (el hermano de un excompañero de trabajo fue el coordinador del programa de ese año). En resumen, si disfrutas el hablar en público, esta es una de las mejores maneras de promocionar tu marca y tu experiencia.

RECUERDA:

> » Involucrarte en las redes sociales ya no es opcional. Si te estás reinventando a nivel profesional, debes establecer una identidad poderosa en internet que demuestre tu experiencia, y las redes sociales son una herramienta esencial.

» El retorno de la inversión en las redes sociales no siempre es evidente. Puedes generar ventas de un blog que escribiste o un tweet que enviaste, pero no es tan probable. En cambio, el efecto es agregado y se acumula con el tiempo. Es tu tarjeta de presentación y lleva tiempo construirla.

» Es tu elección si tu blog es de texto, video o audio (por ejemplo, un podcast), o todas las anteriores. El truco está en encontrar un medio con el que te sientas cómodo y crear contenido de manera consistente.

» Considera la construcción de tu marca en línea como si fueras a crear redes con esteroides. Tienes la habilidad de conectarte con personas prominentes en tu industria y potenciales clientes (al entrevistarlos, escribiendo blogs que los mencionen, comentando en sus blogs, retuiteando su material, etc.) y creando contenido que los lleve a ti.

» Apalanca tu creación de contenido. Comienza con tu propio blog y luego, cuando hayas hecho algunos videos de muestra, considera escribir para otros medios (revistas, sitios de internet, blogs de otros escritores populares) para incrementar tu alcance de audiencia.

» Las redes sociales se pueden volver abrumadoras. Usa herramientas en línea (como Hootsuite y TweetDeck) para programar por adelantado tus publicaciones y para responder mensajes en momentos predeterminados.

» No olvides que la construcción de marca es importante tanto en línea como fuera de internet. Busca un rol de liderazgo en grupos de la industria, comienza a hablar en público y considera comenzar tu propia organización para hacer crecer tu perfil y así volverte un epicentro de conexiones.

CAPÍTULO 11

Continúa

Recientemente di una charla en una importante escuela de negocios y, al terminar, un estudiante se me acercó con una inquietud. "¿Cuánto tiempo", me preguntó, "se requiere en realidad para reinventar tu marca personal?". No existe una respuesta sencilla, por supuesto. Depende de qué tanto hayas cambiado y los alcances de tu antigua reputación. (Es mucho más fácil para un ejecutivo junior reinventarse a sí mismo como una persona con espíritu de equipo que lo sería para alguien como Larry Summers, el famoso y quejumbroso economista y antiguo Secretario de Tesorería de Estados Unidos).

La reinvención nunca sucede de la noche a la mañana. Aunque fuera posible despertar y ser una persona diferente, las demás personas simplemente no van a creerte hasta que demuestres ese cambio con el tiempo. Un cambio rápido, seguido de una regresión al comportamiento antiguo, se ve como una treta manipulativa que de hecho puede dañar tu reputación con el tiempo. Pero la reinvención tampoco debe ser un acto desagradecido ni un trabajo eterno. Aunque es cierto que "nos reinventamos todos los días", en este libro, estoy planteando que empiezas en el Punto A (tu marca actual) y, con la planeación y ejecución adecuadas, eventualmente terminas en el Punto B (como quieres ser percibido en el futuro).

"Probablemente no podrás convencer a nadie de que has cambiado en menos de tres meses", le dije al estudiante. "En cuanto a cambios pequeños, puedes hacerlos en pocos meses demostrando de manera consistente tu nuevo comportamiento. Los cambios más grandes, en especial cambios profesionales donde necesitas adquirir nuevas habilidades o volver a la escuela, tomarán unos cuantos años. Es un trabajo arduo, pero no tomará toda la vida. Serás unos cuantos meses o unos cuantos años mayor, de cualquier modo, y podrías ponerte a ti mismo en la posición indicada para alcanzar el éxito que deseas". ¿Entonces cómo te aseguras de estar moviéndote en la dirección adecuada y mantener el impulso de tu marca en movimiento? En este capítulo, hablaremos de:

- Por qué es esencial supervisar tu marca y hacer ajustes cuando es necesario

- Cómo evitar volver a tu antigua identidad

- Por qué no debes temer reevaluar

- La importancia de ser consistente y seguir tu camino

- Supervisa tu marca

Es el blanco de las bromas: el narcisista que se sienta en su computadora buscándose a sí mismo en Google sin cesar para ver qué resulta. "Oh, yo nunca hago eso", afirman algunos. Qué lástima. No solo es una buena idea hacer un inventario en línea de ti mismo, como lo sugerimos en el capítulo 2, sino que también deberías crear una Alerta de Google para ti, la cual te enviará un correo electrónico cada vez que se mencione tu nombre en un artículo o blog. Hay sistemas más sofisticados y costosos para monitorear lo que se dice sobre ti, pero a menos que seas una celebridad que está siendo constantemente asediado por la prensa, el sistema gratuito de alerta de Google funcionará perfectamente.

Es probable que la mayor parte del tiempo no recibirás alertas. Pero en el evento en el que alguien te mencione, es de crítica importancia que estés al tanto. De esta manera, le puedes agradecer a alguien por una mención amable o una descripción halagadora y corregir de inmediato cualquier información negativa o incorrecta antes de que tenga tiempo de esparcirse. Así mismo, debes estar pendiente de Twitter. Usar un servicio como Hootsuite o TweetDeck te puede ser útil para estar al tanto de las menciones en línea y responder en un tiempo prudente, todo de manera rápida (y, de nuevo, sin costo).

Con todo, hacer seguimiento a las percepciones en internet no lo es todo. A veces, es necesario contar con la perspectiva objetiva de personas reales para ayudarte a analizar los datos. En el popular programa de TV *Mad Men*, ambientado en el mundo publicitario chic del comienzo de la década de los sesentas, hay una escena en la cual el publicista Freddy está sugiriendo conceptos para la Crema Fría Pond's, la cual están intentando vender a mujeres jóvenes: *¿Qué tal Jessica Tandy como vocera? ¿Qué tal Doris Day? ¿Tallulah Bankhead?* Él da una lista extensa de estrellas de mediana edad haciendo que Peggy, una joven ejecutiva, se exaspere. Las mujeres jóvenes no buscan estrellas mayores en decadencia para consejos de belleza, explica. Freddy es agresivo y persistente, y una Peggy muy ofendida termina explotando la verdad: todos en la oficina lo consideran "anticuado", el beso de la muerte en una industria que se enorgullece de ser vanguardista.

Nadie quiere ser Freddy, ignorante a su reputación hasta que alguien se enfurece y la verdad sale a la luz. ¿Entonces, puedes estar al tanto de las percepciones y asegurar que tu reinvención está surgiendo efecto? Piensa en las personas que quizás consultaste para tu cambio personal 360, amigos y colegas que te aprecian y te conocen bien. Si ellos parecen receptivos a compartir retroalimentaciones acerca de ti y tu rendimiento, esta puede ser una buena manera de mantenerlos al tanto y comprometidos con tu vida, si ellos mantienen una perspectiva positiva y orientada a tomar acciones (una pista importante es cuánto trabajan por mejorarse a sí mismos). Luego, piensa en otras personas en tu compañía o industria a quienes respetes. ¿Quién es un conector (pero no un chismoso)? Cuando hayas identificado un pequeño grupo de personas que tú crees que servirían este propósito, pregunta si estarían interesados en comunicarse contigo periódicamente para compartir ideas. Intenta conseguir tres o cuatro personas, porque solo quieres el consejo de las personas más perceptivas que conozcas.

Con un grupo de consejeros inteligentes y competentes como guías, Freddy de *Mad Men* podría haber detectado señales tempranas de que estaba siendo visto como anticuado y tomar acciones para prevenir esto. Así mismo, con tu gabinete de cocina escaneando el horizonte en busca de posibles amenazas y oportunidades, serás el primero en saber si las tendencias están cambiando o si tu reputación tambalea, y podrás arreglarla rápidamente.

Después de todo, a veces un arreglo rápido puede hacer toda la diferencia. Rebecca Zucker, la líder ejecutiva, recuerda que una de sus clientes, una atractiva consultora de gerencia, tenía un problema del que todo el mundo temía hablarle. "Era su maquillaje, su cabello, su joyería", dice Zucker. "El corte de su camisa era demasiado bajo. Ella no estaba proyectando la profesional sofisticada que a mi parecer ella preferiría". Cuando finalmente supo la verdad y realizó algunos cambios sencillos, su carrera prosperó.

Haz un compromiso público

¿Pero qué tal si los cambios que necesitas hacer son algo más complicados que solamente conseguir un guardarropa más discreto? Es posible que te encuentres a ti mismo recayendo en los viejos patrones que esperabas cambiar. En ese caso, considera reclutar cómplices que te puedan impulsar en la dirección correcta.[1] La mejor manera de aumentar la influencia de esos amigos y colegas es haciendo un compromiso público.

Brian Stelter era un reportero reconocido con un trabajo de ensueño. Su blog independiente que cubría la industria de noticias de TV se volvió tan popular que fue reclutado para cubrir la televisión y la red para el *New York Times*. Sin embargo, todo ese tiempo sentado en frente de una computadora y vigilando los vaivenes de las noticias han pasado factura: con solo 24 años, ha llegado a un peso nada saludable de más de 122 kilos. Como experto en el uso de medios modernos, Brian decidió usar estas herramientas familiares para su beneficio. "Sabía que no podía hacer dieta por mí mismo", escribió en agosto de 2010. "Necesité la ayuda de una cuadrilla de animadores. En vez de escribir un blog, llevar un diario, o unirme a Weight Watchers, decidí usar Twitter". Su plan inicial era perder veinticinco libras en 25 semanas publicando actualizaciones tales como "anoche: espárragos en vez de patatas, pero demasiado alcohol. Hoy: fruta; luego sushi, un poquito de salsa de soya, una galleta en vez de las tres de siempre". Inspirado por los seiscientos seguidores que eventualmente se suscribieron, alcanzó su meta y luego decidió perder otras veinticinco libras antes de su cumpleaños número 25. Llegó a pesar alrededor de 90 kilos utilizando su método único de contar calorías.

Evita recaer

Mantener una promesa pública es una manera de motivarte a ti mismo para seguir en el camino. Otra manera es evitar la pérdida de dinero. Esto es lo que tres profesores de Yale descubrieron cuando fundaron el sitio web stickK.com (sí, con dos "k"). Dean Karlan, un profesor de economía se interesó en la idea de abrir una "tienda de compromisos" para ayudar a la gente a mantener sus promesas haciendo contratos públicos con consecuencias financieras vinculadas. "El concepto de 'contrato de compromiso' se basa en dos principios bien conocidos de la economía de comportamiento", explica el sitio stickK.com. "1. Las personas no siempre hacen lo que dicen que quieren hacer, y 2. Los incentivos hacen que la gente haga cosas".

El primer reto de Karlan fue el suyo propio. Así como Stelter, él y un amigo de posgrado estaban preocupados por su constante aumento de peso, así que decidieron hacer un pacto con consecuencias profundas. Si cualquiera de los dos fallaba en perder la cantidad de peso prometida (la meta era 38 libras o 17 kilos cada uno), debían ceder la mitad de su salario anual. Aunque hubo algunos inconvenientes en el camino, aprender, por ejemplo, que debían hacer que los contratos fueran no negociables para que ninguno de los dos pudiera librarse, eventualmente ambos perdieron las libras prometidas. Y siguieron el compromiso de mantener el peso: "En un punto, mi amigo subió un poco de peso y tuvo que pagarme $15.000 dólares", escribe Karlan. "Este pago se invirtió de manera continua en su salud. Si me hubiera rehusado a aceptarlo, ningún contrato futuro hubiese funcionado".

Hoy, Karlan aún mantiene un compromiso vigente con un colega que estipula $1.000 dólares por semana si empieza a ganar peso. Cuando las apuestas son altas y la humillación lo suficientemente pública, hacer lo correcto se puede volver muy fácil. De hecho, hasta el momento de este escrito, stickK.com tenía registradas más de cien mil promesas y más de $8.3 millones de dólares en apuestas en juego. Muchas metas tienen implicaciones en los negocios, yendo desde una promesa de "hacer 120 llamadas de telemercadeo a empresas por semana", hasta "llegar al trabajo antes de 9:30 todos los días" o a "no más palabras groseras o negatividad no solicitada". Hacer cualquiera de estos cambios puede mejorar tu carrera.

Intenta esto

- Haz una lista de tus amigos y colegas más adecuados. Acércate a un grupo de entre tres y seis de ellos y pregúntales si les interesaría reunirse periódicamente para intercambiar ideas. Programa una comida con al menos uno de ellos una vez al mes para mantenerte fresco.

- ¿Hay algún comportamiento clave que necesites adoptar (perder peso, por fin aprender otro idioma, llegar a tiempo al trabajo)? Haz un compromiso público y una promesa tan grande que duela, una multa de $1.000 dólares por una infracción menor te hará mover muy rápido en la dirección correcta.

No tengas miedo de reevaluar

Estás en medio de tu nueva identidad profesional. Estás creando contenido, estás vigilando tu nueva marca, tienes tu nuevo gabinete y eres miserable. ¿Qué debes hacer?

La vida es muy corta. Tal vez es tiempo de reinventarte a ti mismo otra vez o volver atrás (en una nueva forma tal vez) a tu antigua personalidad. Nunca debes tener miedo de reevaluar tus decisiones y tus opciones. Eso fue lo que pasó con Tom Benner, quien perdió su trabajo como reportero en un periódico después de más de 20 años en la industria. "¿Lo vi venir?", pregunta. "No. ¿Debí haberlo visto venir? Quizás sí". En realidad, se sentía aislado, había alcanzado un prestigioso cargo como jefe de redacción y adoraba su trabajo: "Cubrir noticias en vivo, reportarlo en el mismo día, la adrenalina de un plazo ajustado, escribir para una gran audiencia, obtener información de la gente, es de eso que se trata el periodismo".

Sin embargo, los periódicos eran una industria en declive. El Proyecto para la excelencia en periodismo estima que un tercio de los reporteros de periódicos estadounidenses perdió su empleo en los 2000 (de hecho, yo fui una de ellos), y el personal de cadenas de noticias para TV ha sido reducido a la mitad desde el pico de 1980.[2] Fue duro para Tom renunciar a una carrera donde había encontrado realización y éxito profesional. Intentó hacer trabajos por su cuenta por unos cuantos meses, pero no se comparaba con sus antiguos ingresos. Por último, decidió arriesgarse: tomó un empleo como director de comunicaciones para una organización sin ánimo de lucro. "Me decía a mí mismo, le voy a dar una oportunidad, esto es lo que hace la gente, toman trabajos serios".

Tom aún podía disfrutar partes de su antiguo empleo, como redactar reportes y componer artículos de opinión. Y disfrutó adquirir experiencia en redes sociales en ese nuevo cargo. Pero nunca fue algo que lo apasionara, así que, después de tres años, decidió renunciar. "No sentía que estaba haciendo lo que amaba ni en lo que era el mejor".

De algún modo tenía que volver al periodismo. No había forma de volver a la época dorada antes del internet, cuando los periódicos del domingo estaban tan cargados de anuncios que levantarlos podía darte una hernia. Con todo, encontró una oportunidad significativa al convertirse en editor de medio tiempo para un periódico local escrito y distribuido por personas sin hogar de su ciudad, quienes lo hacían como alternativa a la mendicidad. "Las personas inteligentes se salen de la industria del periódico", afirma con tristeza. Pero él no lo podía evitar: "Nuestro cuarto de noticias está en el sótano de la Iglesia Bautista Old Cambridge. No es el *Boston Globe*, pero todavía me da esa emoción que lo hace que valga la pena".

Aun cuando investigamos y planeamos nuestra estrategia, siempre es posible que nuestra nueva dirección no sea la adecuada. ¿Es divertido ir al trabajo? ¿Sientes que progresas en tu vida? ¿Estás haciendo lo que quieres hacer? Si no, es importante estar abierto a este descubrimiento. Cultivar una marca es importante, pero esta debe ser una marca que de verdad respaldes. No es fácil admitir errores, pero hacerlo de manera temprana puede ahorrarte un gran número de problemas.

Tengo una amiga que dejó su lucrativo empleo en programación de bases de datos para asistir a una escuela gastronómica e incluso se mudó a otro estado por sus estudios. Después de un año y un cruel internado que incluía llegar al trabajo a las 3 a.m. para comenzar a hornear, se dio cuenta de que las bases de datos no eran tan malas después de todo. Un año de escuela gastronómica no es nada barato, y tampoco obtuvo un título como resultado. Aun así, es claro que ella no quiere ser un chef profesional y ahora tiene el tiempo y se puede dar el lujo de hornear pan cuando siente el impulso. Así que: sé honesto contigo mismo y no tengas miedo de reevaluar tu estrategia cuando sea necesario.

Sé consistente

Una de las formas más importantes en las que puedes mantener un *impulso positivo* para tu marca es ser consistente. Quieres que la gente sienta que entienden quién eres, tus puntos de vista y la naturaleza de tu trayectoria en el tiempo. Lo que menos quieres es parecer un oportunista, un problema de marca que le ocurrió a un notable joven empresario.

Imaginemos, por un ejemplo, que fundaste una compañía muy conocida. Imaginemos que alguien escribe un libro con algo de ficción, afirmando que tú te robaste la idea de esa empresa y le robaste a tu mejor amigo miles de millones de dólares. Ahora imaginemos que van a hacer una adaptación al cine de dicho libro, la cual va a ser vista alrededor del mundo. De modo que, la semana previa al estreno sería un buen momento para anunciar que vas a donar $100 millones de dólares a caridad, ¿cierto?

De hecho, no. Como podrás haber adivinado, estamos hablando de Mark Zuckerberg, el controversial multimillonario vestido de sudadera que fue representado en la película ganadora del Oscar *The Social Network*. Hijo de padres adinerados del condado de Westchester, New York, no tenía ninguna conexión con el difícil Newark, New Jersey. Pero, al parecer, después de conocer al carismático alcalde de la ciudad en una conferencia un par de meses antes, estuvo conmovido para donar más de $100 millones de dólares para mejorar las escuelas públicas de la ciudad.

Resultaría grosero criticar un obsequio caritativo masivo que Zuckerberg no tenía obligación de hacer, y que al parecer solo marcó el comienzo, ya que se ha sumado a la Promesa de donación de Bill Gates y Warren Buffett, la cual estipula que le van a donar la mayor parte de su fortuna a la caridad. Pero desde la perspectiva de relaciones públicas, este era el momento menos oportuno para esto, ya que parece una trama cínica para desviar la atención de una historia negativa. Así estés gastando $100 millones de dólares para ayudar a una buena causa, todavía puedes lucir falso si parece que estás actuando por los motivos equivocados. No puedes comprar buenas intenciones, aún con cientos de millones de dólares, cuando estás en crisis. En cambio, debes construirla con el tiempo.

Construye buena voluntad

Tal vez la antítesis del intento de arreglo rápido de imagen de Zuckerberg es el trabajo duro y consistencia de Howard Dean, los cuales han pagado dividendos políticos importantes para él, para su reputación y para su partido político. Quizás recuerdes a Dean como el antiguo gobernador de Vermont que alcanzó una popularidad sin precedentes en la carrera presidencial de 2004 solo para quedar por fuera en las juntas legislativas de Iowa. Como directora de comunicaciones de Dean para New Hampshire, tuve información de primera mano de él y su campaña.

Dean de verdad quería reformar la política americana. Detestaba los cálculos a puerta cerrada que descartaban porciones enteras del país como "imposibles de ganar" para los demócratas y, por consiguiente, recibía menos recursos del partido (una situación que solo hace que sean más difíciles de ganar en el futuro). Le encantaba la emoción nacional que su campaña estaba generando y, gracias a la nueva generación de herramientas digitales como blogs, fuimos capaces de involucrar gente no solo en Iowa y New Hampshire (los estados primarios tempranos que obtienen amor desproporcionado de los candidatos políticos) o contribuyentes importantes. En cambio, los votantes regulares se vincularon con entusiasmo, realizando encuentros en todo el país.

Todo esto terminó en enero de 2004 el día de las reuniones legislativas de Iowa. Atacado por una incesante cascada de anuncios negativos financiados por grupos seudoindependientes vinculados a nuestros opositores demócratas (y muy posiblemente perjudicado por la pobre estrategia de nuestra campaña trayendo voluntarios de fuera de Iowa, alienando así a los votantes de Iowa), Dean terminó en un distante tercer lugar. La campaña no terminó esa noche, se alargó por un mes más. Pero no se pudo sobreponer a la caída del estatus de Dean de candidato líder y, aún más importante, el icónico "grito de Dean" que se transmitió sin cesar en la televisión por cable. (Durante el discurso de concesión de Dean, en el cual se comprometió a seguir luchando en otros estados, tuvo que gritar para que su voz se escuchara sobre la multitud. Las cámaras de televisión solo capturaban su micrófono, no el ruido de fondo, por lo que parecía estar gritando sicóticamente sin ninguna razón aparente, una imagen desafortunada para un potencial comandante en jefe).

Cuando Howard Dean se retiró de la carrera presidencial, hubiera sido fácil volver llorando a Vermont o ir a una isla tropical. Había estado tan cerca de la victoria, pero terminó humillado y ridiculizado por todos los presentadores de noticias en la televisión. Yo habría entendido la tentación, no podía motivarme a hacer parte de la campaña de John Kerry (el eventual candidato), así que tomé un empleo dirigiendo una organización sin fines de lucro. Pero Dean se concentró en su meta de construir un partido demócrata más fuerte. Se unió a la contienda e hizo campaña por Kerry a lo largo del país, a pesar de que el principal papel de los operativos de Kerry fue producir anuncios virales que llevaron a la caída de Dean. Y Dean llegó a tener la mira en otro objetivo, mucho menos glamoroso que ocupar la Casa Blanca: ser el líder del Comité Democrático Nacional (DNC por sus siglas en inglés).

El DNC, promueve candidatos democráticos en todo el país, es una organización poderosa, pero dista mucho del objetivo de ser presidente. Dean, impertérrito, anunció a principios de 2005 que buscaba ser el presidente de la organización. Con una asidua campaña, aún en áreas por fuera del radar del partido demócrata y un compromiso de asegurar que los demócratas liderarían una "Campaña de 50 Estados" en la próxima elección presidencial, obtuvo el cargo y realizó un mandato fenomenalmente exitoso que impulsó la histórica victoria presidencial de Barack Obama. Dean nunca se convirtió en presidente, pero, con su servicio como jefe del DNC, se sobrepuso a su pérdida y encontró una nueva manera de lograr su objetivo.

El tiempo cura todas las heridas

Así mismo, en la esfera de los negocios, la clave para tener éxito en tu reinvención está en la consistencia y en demostrar tus valores al ponerlos en práctica a diario. Tal vez recuerdas a Michael Milken como el símbolo del exceso de Wall Street en 1980. En 1989, el antiguo empleado de Wall Street fue acusado de violaciones de valores y en los informes. Él llegó a pagar una multa de $200 millones de dólares y estuvo un poco menos de dos años en prisión. Para muchos financistas en desgracia, ese hubiera sido el final de la historia. Sin embargo, dos décadas más tarde, Milken se ha redimido por completo, incluso apareciendo en la portada de la revista *Fortune* en 2004 donde fue elogiado como "El hombre que cambió la medicina". ¿Cómo es esto posible?

Por un lado, Milken comenzó su compromiso con la filantropía en los años setenta y lanzó su fundación familiar en 1982, mucho antes de tener problemas con el gobierno. Financió gran cantidad de causas, desde reconocimientos a maestros hasta problemas de zonas urbanas difíciles, pero ha impactado notablemente los servicios de salud, recaudando cientos de millones de dólares y propiciando innovaciones en el tratamiento del cáncer de próstata, melanoma y más. Larry King, antiguo anfitrión de CNN, afirmó, "cuando curen esta enfermedad [cáncer], tendrán que llamarlo la cura de Milken". El compromiso de Milken con la caridad es a todas luces genuino y brinda una poderosa lección para todos nosotros. Con trabajo duro, dedicación y consistencia, es posible convertirte en quien quieres ser, sin importar tu marca anterior o incluso tus errores del pasado.

En el mundo de hoy, reinventarte no es algo opcional. Siempre estamos aprendiendo, creciendo y adaptándonos. Para ser fieles con nosotros mismos, nuestra marca personal debe reflejar esto. Tomar control de tu reputación y asegurarte de que refleja la realidad de lo que eres es un punto de partida crítico. En especial en la era del internet, los vestigios de tu antigua identidad jamás desaparecerán por completo y eso está bien mientras seas consciente de lo que has aprendido en el camino.

El reto para todos nosotros mientras nos reinventamos (en grande o pequeña escala) es ser estratégicos al identificar cómo queremos que nos perciban, desarrollando una historia llamativa que explique nuestra evolución y luego esparciendo ese mensaje. Considéralo una optimización del motor de búsqueda de tu vida: entre más conexiones busques y realices, y entre más valor y contenido agregues con frecuencia, más probabilidades tendrás de que tu marca sea conocida, reconocida y buscada.

RECUERDA:

» No asumas la reinvención de tu marca como un asunto terminado. Es un proceso, no una actividad de un solo evento, así que continúa vigilando tu reputación para asegurarte de que los demás te perciban de la manera que deseas.

» Si hay algún comportamiento clave que necesitas cambiar (perder peso, pedir más referencias, escribir al menos una entrada de blog a la semana), realiza un compromiso público vinculado a sanciones en caso de que no tengas éxito. El brillo del protagonismo (y la amenaza de la pérdida económica) pueden hacer maravillas con tu motivación.

» Reevalúate con regularidad. Tus objetivos podrían haber parecido grandes en un principio, pero si te hacen infeliz ahora o si no se acoplan al momento actual de tu vida, procede a reconsiderarlos.

» Sé consistente con tu nueva marca. Si quieres que las personas consideren tu nuevo yo como una realidad, en vez de solo una fase, debes reforzarlo con el tiempo y demostrar tu compromiso constante.

» Tu marca anterior nunca desaparece del todo. Pero, si eres consciente durante el proceso, tus experiencias pasadas pueden contribuir y enriquecer tu marca personal, aunque haya habido obstáculos en el camino.

Haz que tu reinvención funcione

Por generaciones, el mantra establecido ha sido: "trabaja duro y te reconocerán en la base del mérito". ¿Cuál ha sido el resultado? Quienes tienen conexiones y patrones poderosos obtienen todos los logros. Pero ahora estamos en medio de una nueva era de trayectorias profesionales que se mueven más rápido, tiempos más cortos en cargos laborales y la habilidad de comunicar de inmediato tu mensaje a todo el mundo. Eso significa que tu reputación no es un secreto bien guardado, no se susurra en los corredores. En tiempo real, puedes vigilar y dar forma a cómo eres percibido, y hacer los ajustes necesarios.

Esto es importante si estás comprometido con construir una carrera en tu compañía, con ascender posiciones y por alcanzar alguna posición directiva. Es incluso más importante si, como muchos de nosotros, tus ambiciones evolucionan con el tiempo y quieres cambiar funciones o incluso de profesión. Las personas están muy ocupadas prestando atención a sí mismas como para prestarte atención a ti. Si lo dejas al azar, la impresión que tengan de ti será aleatoria y se fundamentará en lo último que hayan escuchado o una impresión débil de años pasados. Puede que cuentes con suerte o quizás no. Tu responsabilidad es asumir un método más sistemático.

A menudo, es difícil y complejo verte como los demás te ven. Todos tenemos puntos ciegos cuando se trata de nuestras fortalezas y debilidades. Es por eso que es muy importante comenzar con incluir amigos de confianza y colegas para que te ayuden a comprender mejor tu punto de partida y los dones únicos que posees. Al hablar con ellos a nivel personal y hacer entrevistas de 360 o hacer sesiones de grupos de enfoque personal, puedes obtener perspectivas importantes que quizás no podrías lograr de otra forma. Si te buscas en internet y revisas las evaluaciones de desempeño de años pasados, también podrás ver cómo te pueden estar viendo los demás desde afuera.

Armado con esta información, puedes avanzar a la etapa de investigación. Comenzarás tras bambalinas, con investigación en línea y leyendo muchos libros para asegurarte de conocer los textos sagrados de la industria, con lo que podrás tener una buena conversación cuando se trate de las tendencias actuales. Luego, mediante conexiones con amigos y exalumnos, podrás llegar a personas reales para realizar entrevistas informativas, las cuales, si lo haces bien, pueden llevarte a relaciones profesionales de largo plazo, en lugar de un encuentro único para tomar café.

A medida que comienzas a tener un sentido más claro de las direcciones que tienen más sentido para ti, es hora de poner a prueba esas suposiciones. (Después de todo, lo que puedes aprender en el papel o mediante reuniones en cafés tiene un límite). Ya sea que optes por sumergirte en una práctica de tiempo completo, ser aprendiz o probar las aguas sirviendo como voluntario los fines de semana, estarás experimentando un nuevo trabajo o profesión en el campo, haciendo contactos y evaluando si es una buena opción a largo plazo.

También comenzarás a concentrarte en las habilidades que necesitas desarrollar para tu próxima identidad profesional. En algunos casos, puedes expandir las fronteras de tu actual empleo para obtener más experiencia o puedes estar en capacidad de tomar un empleo adicional y subsidiar tu nuevo camino trabajando diligentemente en tu función actual. También puedes estar considerando ir a la escuela de posgrados, que en ocasiones es un paso obligatorio (no puedes llegar muy lejos con tus aspiraciones en medicina si no eres médico). Con todo, antes de asumir una deuda de seis cifras, piensa muy bien qué habilidades y conexiones quieres cultivar. ¿Hay otras formas (más económicas) de hacerlo? ¿Podrías tomar una clase, un programa de verano o aprender haciendo voluntariado? Solo tú puedes decidir el camino correcto a seguir para tu preparación profesional.

Otro ingrediente clave en tu avance profesional es encontrar el mentor o los mentores adecuados, porque a veces necesitas valerte de la sabiduría de varias personas o de un grupo en lugar de solo una persona. Hablamos acerca de la importancia de encontrar un mentor que vele por tus mejores intereses y quiera ayudarte a alcanzar tus metas en lugar de insistir en su propia agenda. El secreto de obtener lo máximo de la relación es reconocer que no puedes esperar a que la sabiduría se te imparta, debes crear tu propia agenda de aprendizaje, expresar agradecimiento con frecuencia y hacer un esfuerzo concentrado para devolver a tu mentor de la manera que puedas hacerlo.

Aunque el mundo corporativo suele valorar la similitud (contratan nuevos empleados de la misma escuela o promueve a otros cargos a los ejecutivos con el mismo trasfondo), el secreto para tu éxito en realidad se concentra en tu diferencia. Ni siquiera deberías tratar de competir frente a frente con las personas que han estado abriéndose paso en tu nueva área durante los últimos diez, veinte o treinta años. En lugar de eso, concéntrate en lo que te hace único y diferente. ¿Qué habilidad tienes que nadie más posee? ¿Cómo puedes transferir tus experiencias pasadas a un nuevo entorno? Esa será tu tarjeta diferenciadora y la ruta de progreso.

Un componente importante, desde luego, es encontrar una manera atractiva de relatar la historia de esa diferencia. Tu narrativa comprometerá a otros y les permitirá darle sentido a tu transición. Harás las conexiones obvias para que ellos comprendan que no estás saltando sin pensar de un campo a otro o que estás tratando de convertirte en otra persona. En lugar de eso, estás aplicando de manera estratégica tus habilidades actuales de una nueva manera que aporta valor.

No siempre es fácil volver a presentarte. Las personas tienen ideas preexistentes acerca de ti y tendrás que captar su atención para cambiarlas. Eso significa demostrar tu nueva identidad con la ayuda de validadores, tales como colegas de confianza que acepten hablar bien de ti y destacar tus más recientes triunfos. Cuando sea posible, te alinearás con proyectos o iniciativas prominentes que te permitirán mostrar tus habilidades a una amplia audiencia.

Luego, te concentrarás en desarrollar un portafolio, tanto en línea como fuera de internet, para demostrar tus habilidades. Como un trabajador de conocimiento, a veces es difícil mostrar a los demás lo que sabes y puedes hacer. Es por eso que es esencial crear propiedad intelectual que otros quieran leer, compartir y comentar. Ya sea por medio de un blog, un blog de vídeo o una serie de podcast, puedes encontrar el medio en el que más te sientas cómodo. Crear contenido también te va a permitir marcar el tono del debate público, conocer e interactuar con los líderes de tu industria y crear una reputación como líder de pensamiento. Mientras tanto, en el mundo real, también puedes crear tu marca asumiendo funciones de liderazgo en asociaciones de profesionales y hablando en público en eventos de la industria.

Por último, el verdadero secreto de la reinvención profesional es seguir avanzando. Eso significa seguir cuidando tu reputación al vigilar lo que se dice de ti en internet y acudir con frecuencia a amigos de confianza para que den una mirada sin censura sobre cómo puedes seguir mejorando. A veces, tendrás que hacer cambios difíciles en el comportamiento, ya sea dejar de fumar o profundizar en el desarrollo de negocios, y solo un compromiso público o la amenaza de pérdida financiera pueden movilizarte de verdad. Esos son los sacrificios que debes hacer si de verdad quieres que el cambio sea definitivo y lograr algo significativo.

Todos hemos visto muchos ejemplos de promesas rotas e intenciones fallidas. La gente respetará tu nueva marca y te tomará en serio cuando vean tu compromiso cotidiano con desarrollar una nueva identidad. Las personas cometen errores, eso es humano. Pero esforzarte, ser consistente y desarrollar una buena imagen, con el tiempo, permitirá que tu comunidad y el mundo entiendan mejor de dónde vienes y a dónde quieres llegar con tu vida. Incluso pueden movilizarse para ayudarte a llegar allá.

La reinvención profesional casi nunca es un trabajo de una ejecución que se arregla y queda finalizado. En lugar de eso, es una forma de vida y una manera de ver el mundo como un espacio lleno de oportunidades, abierto a nuevas posibilidades y a la espera de tu aporte. Espero que este libro haya sido útil en tu proceso de considerar y comenzar tu reinvención. Reinventar tu marca personal te permite optimizar la vida, explorar de manera constante nuevas fronteras profesionales y ser la persona que quieres ser. Felicitaciones por dar el siguiente paso.

ANEXO A

Tu reinvención profesional
Autoevaluación

¿**D**eberías reinventarte? Si quieres obtener esa promoción de cargo, cambiar a un nuevo rol profesional, vincularte a una nueva compañía o cambiar de profesión, quizás debas hacerlo.

La reinvención profesional no es un proceso instantáneo y exige escuchar las opiniones de otros, desarrollar nuevas destrezas y expresar el valor que puedes aportar. Puedes comenzar con dar una mirada consciente a lo que eres. Tus impresiones e ideas pueden cambiar con el tiempo a medida que progresas con *¡Reinvéntate!: Define tu marca, imagina tu futuro*, pero, por ahora, puedes aprender mucho al poner por escrito tus pensamientos y suposiciones, y usarlos como fundamento. Considéralo un inicio ventajoso para tu futuro.

Quién eres

Mis mayores fortalezas son:

_____

_____

_____

Mis habilidades que mejor se venden son:

_____

_____

_____

_____

Los aspectos más peculiares de mi trasfondo o experiencia son:

_____

_____

_____

Las personas suelen preguntarme acerca de:

_____

_____

_____

Mi actual objetivo profesional es:

_____

_____

_____

_____

O, si no estás seguro...

Varias áreas que me llaman la atención a nivel profesional son:

_____

_____

_____

Las publicaciones, los libros y los blogs que puedo leer para aprender más sobre mis áreas de interés son:

_____

_____

_____

_____

Las personas que conozco y que están vinculadas con esas áreas son:

_____

_____

_____

_____

Las habilidades que necesitaré para alcanzar mi objetivo profesional (y que no tengo en la actualidad) son:

_____

_____

_____

_____

Los medios posibles para obtener esas habilidades pueden ser (voluntariado, seguir de cerca un trabajo, leer, la escuela de posgrado, etc.):

_____

_____

_____

_____

Las personas que conozco y que podrían aconsejarme en este proceso son:

_____

_____

_____

_____

Tu ventaja competitiva

Mis habilidades que son más relevantes en mi nueva área son:

_____

_____

_____

_____

Qué hay peculiar en mí, comparado con las personas en mi nuevo entorno:

_____

_____

_____

La razón por la cual mi trasfondo o experiencias previas añaden valor a mi nueva área:

_____

_____

_____

_____

La razón por la cual trabajar en este nuevo entorno es en realidad la continuación de lo que he hecho en el pasado:

_____

_____

_____

_____

Cómo demostrar tu valor

Un proyecto importante o iniciativa en mi nueva área del que podría hacer parte puede ser:

_____

_____

_____

_____

Las personas suelen preguntarme acerca de estos temas (lo cual puede ser una buena publicación de blog o podcast):

_____

_____

_____

_____

Las asociaciones profesionales a las que me puedo vincular en mi nueva industria incluyen:

_____

_____

_____

_____

Las formas en las que puedo aprovechar las redes sociales para mostrar mi nueva identidad incluyen:

_____

_____

_____

_____

Podría buscar a las siguientes organizaciones respecto a compromisos de conferencias:

_____

_____

_____

_____

El único cambio más importante que puedo hacer o la iniciativa que puedo emprender sería:

_____

_____

_____

_____

Buena suerte en tu proceso de reinvención profesional. Para conocer más o para tener acceso a cientos de recursos gratuitos, desde artículos hasta episodios de podcasts y videos, visita www.dorieclark.com y sígueme en Twitter @dorieclark.

Preguntas de discusión en aula o en grupo de lectura

- ¿Qué figuras públicas tienen marcas que admiras? ¿Por qué?

- ¿Puedes pensar en figuras públicas que se hayan reinventado a nivel profesional? ¿Cómo lo hicieron?

- ¿Qué crees que les hizo tener éxito o fracasar en su reinvención?

- ¿Te has reinventado profesionalmente? ¿De qué manera? ¿Qué fue fácil o desafiante en esa experiencia?

- ¿Planeaste tu reinvención por anticipado? De ser así, ¿cuál fue el proceso que seguiste? ¿Cómo determinaste la ruta para "ir de este punto al otro"?

- ¿Cómo informaste a los demás de tu nueva marca? ¿Ellos la aceptaron de inmediato o tuviste que convencerlos con el tiempo para que aceptaran el "nuevo tú"?

- ¿Crees que la reinvención profesional se está haciendo más común? ¿Por qué? De ser así, ¿cuáles son las implicaciones de este cambio?

- ¿Qué tan importante crees que son las redes sociales para la marca personal? ¿Usas las redes sociales en un contexto profesional? De ser así, ¿cuál es tu estrategia para asegurar que eso hace que tu reputación profesional avance?

NOTAS

CAPÍTULO 1

1. Megan Woolhouse, "A Jobs Pinch for the Ages," Boston Globe, julio 21, 2011.

2. Ronald Brownstein, "Upside Down," National Journal, junio 9, 2011.

3. Ibid.

4. Irving Rein y otros, High Visibility: Transforming Your Personal and Professional Brand (New York: McGraw-Hill, 2006).

CAPÍTULO 2

1. A menos que se indique otra cosa, todas las citas vienen de entrevistas realizadas por la autora.

2. Jennifer Preston, "El historial de las redes sociales se convierte en un nuevo obstáculo de empleo" New York Times, julio 20, 2011, www.nytimes.com/2011/07/21/technology/ social-media-history-becomes-a-new-job-hurdle.html?pagewanted=all.

3. Lee mi artículo "Cómo reparar una reputación afectada en internet", en www.dorieclark.com/reputation.

4. Craig Lambert, "La psique en automático", Harvard Magazine, noviembre - diciembre 2010, http://harvardmagazine.com/2010/11/the-psycheon-automatic?page=0,0.

5. Kevin Lewis, "Las mujeres agradan, pero los hombres son los promovidos", Boston Globe, julio 31, 2011, www.boston.com/bostonglobe/ideas/articles/2011/07/31/ uncommon_knowledge/.

CAPÍTULO 7

1. Lee mi artículo, "Cómo desarrollar tu marca única", en www.dorieclark.com/uniquebrand.

2. http://sethgodin.com/sg/.

3. Aljean Harmetz, "Nuevo rostro; avanzando a las funciones 'bonitas': Jennifer Grey,"New York Times, agosto 28, 1987, www.nytimes.com/1987/08/28/movies/new-face-moving-up-to-pretty-roles-jennifer-grey.html?scp=5&sq=jennifer% 20grey&st=cse.

4. Ann Kolson, "Cuento de hadas sin final", New York Times, agosto 17, 1997, www.nytimes.com/1997/08/17/movies/fairy-tale-without-an-ending. html:scp=13&sq=jennifer%20grey%20nose&st=cse&pagewanted=2.

5. "Cirugía plástica de las estrellas", New York Post, www.nypost.com/f/print/pagesix/celebrity_photos/plastic_surgery_before_after_vUlDH3YaHlqKGkvg0NGQbK.

CAPÍTULO 8

1. Alex Williams, "¿Demasiada información? Ignórala", New York Times, noviembre 11, 2007, www.nytimes.com/2007/11/11/fashion/11guru.html?adxnnl=1&adxnnlx=1317233505-fdV7Vk22aN4K-DIeuP/Fpkw.

2. "Tim Ferriss acerca de la mediocridad tolerable, ídolos falsos, diversificando tu identidad, y el consejo que da a las nuevas empresas", Signal vs. Noise, http://37signals. com/svn/posts/2734-tim-ferriss-on-tolerable-mediocrity-false-idols-diversifyingyour-identity-and-the-advice-he-gives-startups.

3. Melissa Corliss Delorenzo, "¿Por qué contratar a una poeta para ayudar a tu compañía?" Her Circle, junio 16, 2011, www.hercircleezine.com/2011/06/16/why-hire-a-poetto-help-your-company/.

4. Danielle Sacks, "Alex Bogusky lo dice todo: Dejó la mejor agencia del mundo para encontrar su alma", Fast Company, septiembre 1, 2010, www .fastcompany.com/node/1676890/print.

5. Richard L. Berke, "La campaña de 2000: Tácticas, Bombardeo de Anuncios, mientras Bush y Gore definen estados claves", New York Times, agosto 20, 2000, www.nytimes.com/2000/08/20/us/2000-campaign-tactics-ad-blitz-start-bushgore-define-key-states.html?scp=4&sq=Al%20Gore%20Bob%20Shrum&st=cse.

6. Warren Bennis, con Patricia Ward Biederman, Still Surprised: A Memoir of a Life in Leadership (San Francisco: Jossey-Bass, 2010).

CAPÍTULO 9

1. El material de Chip Conley se adapta de la publicación de Dorie Clark, "Por qué deberías ser un líder emocionalmente abierto", Forbes.com, marzo 31, 2012, www.forbes.com/sites/dorieclark/2012/03/31/why-you-should-be-anemotionally-open-leader/; y Dorie Clark, "Cómo ser tú mismo en las redes sociales, sin enloquecer a tu jefe", Forbes.com, agosto 27, 2012, www.forbes.com/sites/dorieclark/2012/08/27/how-to-be-yourself-on-social-mediawithout-freaking-out-your-boss/.

CAPÍTULO 10

1. "Los archivos de Copyblogger, entrevista con Brian Clark", TopRank Online Marketing Blog, www.toprankblog.com/2009/01/interview-brian-clark-copyblogger/.

2. Nate Elliott, "La forma más fácil de figurar en los primeros resultados de Google", Forrester Blogs, enero 8, 2009, http://blogs.forrester.com/interactive_marketing/ 2009/01/the-easiest-way.html.

3. Lee mi artículo, "Cómo evitar la sobrecarga de redes sociales", en www.dorieclark.com/overload.

4. "Escribe una entrada como invitado porque te enseñaré a ser rico", www.iwillteachyoutoberich.com/write-a-guest-post-for-i-will-teach-you-to-be-rich/.

5. Darren Rowse, "Si tuvieras una pistola sobre tu cabeza con la obligación de duplicar tus lectores en dos semanas, ¿qué harías?, una entrevista con Tim Ferriss", ProBlogger, julio 25, 2007, www.problogger.net/archives/2007/ 07/25/if-you-had-a-gun-against-your-head-to-double-your-readership-in-twoweeks-what-would-you-do-an-interview-with-tim-ferriss/.

6. B. L. Ochman, "Entrevista, Seth Godin acerca de cuán a menudo publicar en tu blog", Advertising Age, enero 12, 2009, http://adage.com/article/digitalnext/ interview-seth-godin-post-blog/133719/.

7. Lee mi artículo "Por qué las redes sociales desperdician el tiempo de los líderes", en www.dorieclark.com/wasting-time (¡Pero no lo tomes como excusa para no hacerlo!)

8. Chris Brogan, "Mi gran oferta de conferencia", diciembre 24, 2011, www.chrisbrogan.com/my-big-speaking-offer/.

CAPÍTULO 11

1. Consulta el excelente libro de Kerry Patterson Change Anything: The New Science of Personal Success (New York: Business Plus, 2011), que aborda el tema.

2. Proyecto para la excelencia en periodismo, www.stateofthemedia. org/ 2010/overview_key_findings.php.

RECONOCIMIENTOS

Debo un gran agradecimiento a muchas personas sin quienes *¡Reinvéntate!* no habría sido posible. En primer lugar, a Josette Akresh-Gonzales, cuya ayuda y persistencia me permitió entrar en contacto con el equipo de *Harvard Business Review*, y a Gardiner Morse, quien dio la aprobación para una nueva escritora y luz verde para la publicación del blog "Reinventando tu marca personal", del cual surgió este libro; y a Karen Dillon, quien vio su potencial y ayudó para que el blog llegara a ser una pieza de la revista *HBR*. Mi agente Carol Franco y mis editores, Jeff Kehoe y Erica Truxler han sido invaluables en pastorear este libro durante el proceso de desarrollo, asegurándose de que sea lo mejor posible. Y no estarías leyendo esto si no fuera por los excelentes esfuerzos de producción de Allison Peter; la magia del mercadeo de Julie Devoll, Nina Nocciolino, Tracy Williams, y John Wynne; mi practicante de la Universidad Tufts University, Emilia Luna; y el preciso diseño de carátula de Stephani Finks.

Estoy muy agradecida con mis entrevistados, quienes tuvieron la amabilidad de hablar conmigo para que los demás pudieran aprender de sus experiencias. Ustedes son una inspiración.

Quiero agradecerles a todos en *Harvard Business Review* por darme la oportunidad de escribir y compartir ideas con frecuencia en HBR.org y la revista. También quiero agradecer a los editores de

Forbes, Fred Allen y Bruce Upbin, quienes me han permitido escribir blogs acerca de la reinvención profesional y muchos otros temas.

El crédito por todo es para Gail Clark, que es la madre más amorosa y atenta que se podría pedir. También quiero reconocer a Ann Thomas, cuya amabilidad y cuidado ayudaron para formar la persona que ahora soy. Y Patty Adelsberger: Te extraño. Estoy muy agradecida con Hilary Harkness, quien dio un apoyo incomparable durante el proceso de escritura y a Gideon y Harriet, los mejores gatos y editores del mundo. Por favor considera adoptar una mascota sin hogar hoy (www.petfinder.com).

Dorie Clark

es una consultora en estrategia de mercadeo y frecuente aportante a *Harvard Business Review* y *Forbes*. Reconocida como una "experta en marca" por Associated Press, Clark ofrece consultoría y conferencias para un amplio rango de clientes incluyendo EMC, Google, la Fundación Ford, Yale University, El Centro Médico Mount Sinai y el Servicio de Parques Nacionales.

Clark, una exportavoz de campañas presidenciales, ha enseñado mercadeo y comunicaciones en la Universidad de Tufts, En la Universidad de Suffolk, en Emerson College y en Smith College Executive Education y ha sido oradora invitada en universidades tales como Harvard, Georgetown y la Universidad de Michigan. Con frecuencia, es citada en medios internacionales, incluyendo NPR, la BBC y U.S. News & World Report. También es columnista para *Mint*, el segundo periódico de negocios más grande de la India, y las publicaciones de la Asociación de Gerencia de los Estados Unidos.

Experiodista, Clark ganó dos premios de la Asociación de Prensa de Nueva Inglaterra por su cobertura sobre políticas de religión y transporte respectivamente. Ella también es directora del documental *The Work of 1000*, acerca de la exitosa limpieza del río Nashua en Massachusetts y New Hampshire. En la actualidad, Clark sirve como copresidenta de la Junta de Visitantes de Fenway Health y es miembro de la junta directiva de Supervisores de la Sociedad para la prevención de crueldad con los animales en Massachusetts.

A la edad de catorce años, Clark ingresó al programa de la Universidad de Mary Baldwin para superdotados. A la edad de dieciocho, se graduó con honores Phi Beta Kappa de la Universidad Smith y, dos años después, obtuvo su Maestría en Estudios Teológicos de la Escuela de Divinidades de Harvard. Ella divide su tiempo entre Somerville, Massachusetts y la ciudad de New York.

Para más información, visita www.dorieclark.com o síguela en Twitter @doreclark.